FALKEN
BÜCHEREI

鼠

Georg Haddenbach

Die 12 Tierzeichen im CHINESISCHEN HOROSKOP

Charakter, Liebe und Schicksal
in den 12 Mondjahren

FALKEN VERLAG

猴

ISBN 3 8068 0423 0

6272 Niedernhausen/Ts.
Titel und Illustrationen: Till Gött
Herstellung: May & Co, Darmstadt

817 2635

Inhalt

Kleine Einführung in die chinesische Astrologie

5000 Jahre alt ist die chinesische Astrologie, die Wahrsagekunst, die Charakter und Schicksal des Menschen nicht wie bei uns nach Monaten, sondern nach Mondjahren deutet, die freilich im Laufe der Zeit unseren Sonnenjahren angepaßt wurden.

Zwölf Tierzeichen geben den Jahren ihren Namen. Nach der Legende soll Buddha eines Tages die Tiere zu sich gerufen haben, aber nur zwölf seien gleich zu ihm gekommen: zuerst die Ratte, dann Büffel, Tiger, Hase, Drache, Schlange, Pferd, Ziege, Affe, Hahn, Hund und zuletzt das Schwein. Er habe jedem Tier ein Jahr geschenkt, dem es seinen Stempel aufdrücken durfte. Und so sei es zu dem zwölfjährigen Rhythmus in der chinesischen Astrologie gekommen.

Der französische Fabeldichter Lafontaine (1621—1691) umschrieb diese Legende so: «Je me sers d'animaux pour instruire les hommes» („Ich bediene mich der Tiere, um die Menschen zu belehren"). Und er mag recht damit haben: Es ist erstaunlich, wieviel charakterliche Bindung oft Menschen eines Geburtsjahrgangs haben. Warum sollte also nicht die These der chinesischen Astrologen auch richtig sein, daß alle zwölf Jahre ein ähnlicher Menschentyp geboren werde?

Die Buddha-Legende von der Entstehung der zwölf Tierzeichen hört sich fantastisch an, doch kann ihr Wahrheitsgehalt aus der Geschichte der altchinesischen Astrologie nachgeprüft werden. Vor der Einpendelung auf die Zahl 12 gab es nämlich 27 Bilder des Mondtierkreises, die wiederum aus den 36 Bildern der Sternheerführer entstanden sind, denen nach Auffassung der altchinesischen Wahrsager je ein

Tier zugeordnet war. Erst mit der Anpassung des Mondjahres — es beginnt zwischen Mitte Januar und Mitte Februar — an unser Sonnenjahr entwickelten sich aus den 27 Mondzeichen die zwölf Tierzeichen, von denen in diesem Buche die Rede ist.

So ganz einfach machen sich die chinesischen Astrologen die Berechnung der Horoskope natürlich nicht. Zwar beziehen sie die These von den guten und schlechten Jahren der einzelnen Menschentypen im chinesischen Tierkreis (siehe „Das immerwährende chinesische Horoskop“ am Ende dieses Buches) in ihre Berechnungen ein, doch haben sie auch noch genauere Deutungsfaktoren zur Hand. Da sind die fünf Elemente Wasser, Metall, Feuer, Holz und Erde, die in dieser Reihenfolge für die Planeten Merkur, Venus, Mars, Jupiter und Saturn stehen. Sie nehmen ebenso Einfluß auf das Schicksal des Einzelindividuums wie die zehn Himmelszeichen, die sich aus „Yang“, der Sonne, und „Ying“, dem Mond, aber auch aus der Betrachtung der Sternkonstellationen ergeben. Doppelwochen und Doppelstunden der Geburt ziehen den Kreis schließlich so eng, wie er sich bei der in westlichen Ländern gebräuchlichen Astrologie aus den Planetenstellungen und den Aszendenten zur Geburtsstunde ergibt.

Das alles können die chinesischen Sterndeuter und Wahrsager dicken Nachschlagwerken entnehmen. Den Leser dieses Buches mag es verwirren; deshalb stellten wir neben dem gültigen Charakterbild der in den einzelnen zwölf chinesischen Tierzeichen Geborenen als Einengung eine Kombination mit den bei uns üblichen Sternbildern vom Widder bis zu den Fischen. Man könnte dieses Bild noch mehr verfeinern, wenn man die im Chinesischen gebräuchliche Doppelstunde der Geburt hinzunähme. Nach Meinung der chinesischen Astrologen kommt es für den einzelnen Menschen nämlich darauf an, zu welcher Doppelstunde des Tages er geboren wurde. Und diese Doppelstunden sind wieder einem Tierbild zugeordnet.

Im einzelnen sieht das dann so aus: Von 23 bis 0.59 Uhr herrscht die Ratte, von 1 bis 2.59 Uhr der Büffel, von 3 bis 4.59 Uhr der Tiger, von 5 bis 6.59 Uhr der Hase, von 7 bis 8.59 Uhr der Drache, von 9 bis 10.59 Uhr die Schlange, von 11 bis 12.59 Uhr das Pferd, von 13 bis 14.59 Uhr die Ziege, von 15 bis 16.59 Uhr der Affe, von 17 bis 18.59 Uhr der Hahn, von 19 bis 20.59 Uhr der Hund und schließlich von 21 bis 22.59 Uhr das Schwein.

Machen Sie doch einmal das kleine Spiel mit! Sie sind — angenommen — am 14. 5. 1931 um 11.42 Uhr morgens geboren. Dann kamen Sie nach dem chinesischen Horoskop im Jahr der Ziege zur Welt und haben die Charaktermerkmale, die im Kapitel „Die artige Ziege“ nachzulesen sind. Nach der bei uns gebräuchlichen Astrologie sind Sie aber auch im Sternzeichen Stier geboren, haben also sicher auch Charaktermerkmale aus diesem Zeichen mitbekommen, was Sie im Kapitel über die Ziege ebenfalls erfahren können. Nun engen Sie das Charakterbild noch einmal auf Chinesisch ein: Die Doppelstunde Ihrer Geburt stand im Zeichen des Pferdes. Sie werden also auch einiges, wenn auch sehr oberflächlich, von den Merkmalen eines im Tierzeichen Pferd Geborenen an sich beobachten können. Und so komplettieren Sie gewissermaßen das Bild Ihrer Eigenschaften.

Ein Spiel nur? Die Chinesen haben dieses „Spiel“ in 5000 Jahren zur Perfektion entwickelt. Ihre Wahrsagekunst ist im Laufe der Jahrhunderte mit wissenschaftlicher Akribie verbessert worden, so daß chinesische Astrologen heute anhand der umfangreichen Nachschlagewerke das Schicksal eines Menschen mit einer an Sicherheit grenzenden Wahrscheinlichkeit vorhersagen können, wobei sie — und damit kommen wir wieder zu unserem Buch — bei ihren Horoskopen als Generallinie für die einzelnen Tierzeichen das auch zu Rate ziehen, was wir im letzten Kapitel unter dem „immerwährenden Horoskop" beschrieben haben.

Ob Sie es nun glauben oder nicht — es ist interessant und unterhaltsam, einen Überblick über die chinesische Astrologie zu bekommen. Und manch einer, der bisher skeptisch dieser Art von „Aberglauben" gegenüberstand, wird nach der Lektüre dieses Buches vielleicht doch zugeben, daß eine seltsame Übereinstimmung in den Charakteranlagen von Menschen gegeben ist, die unter einem gleichen, bestimmten Tierzeichen geboren wurden.

Dieses Buch will unterhalten, aber auch ein wenig nachdenklich machen. Mehr nicht, aber auch nicht weniger.

Was bin ich?

Chronologische Zusammenstellung der Geburtsjahre zur Auffindung des eigenen Tierzeichens

Affe	29.1.1884—14.2.1885
Hahn	15.2.1885— 7.1.1886
Hund	8.1.1886—23.1.1887
Schwein	24.1.1887—11.2.1888
Ratte	12.2.1888—30.1.1889
Büffel	31.1.1889—20.1.1890
Tiger	21.1.1890— 8.2.1891
Hase	9.2.1891—29.1.1892
Drache	30.1.1892—16.2.1893
Schlange	17.2.1893— 5.2.1894
Pferd	6.2.1894—25.1.1895
Ziege	26.1.1895—13.2.1896
Affe	14.2.1896— 1.2.1897
Hahn	2.2.1897—21.1.1898
Hund	22.1.1898— 9.2.1899
Schwein	10.2.1899—30.1.1900
Ratte	31.1.1900—18.2.1901
Büffel	19.2.1901—26.1.1902
Tiger	27.1.1902—29.1.1903
Hase	30.1.1903—16.2.1904
Drache	17.2.1904— 4.2.1905
Schlange	5.2.1905—24.1.1906
Pferd	25.1.1906—13.2.1907
Ziege	14.2.1907— 1.2.1908
Affe	2.2.1908—21.1.1909
Hahn	22.1.1909— 9.2.1910
Hund	10.2.1910—29.1.1911
Schwein	30.1.1911—17.2.1912
Ratte	18.2.1912— 6.2.1913
Büffel	7.2.1913—25.1.1914
Tiger	26.1.1914—14.2.1915
Hase	15.2.1915— 3.2.1916
Drache	4.2.1916—23.1.1917
Schlange	24.1.1917—11.2.1918
Pferd	12.2.1918—31.1.1919
Ziege	1.2.1919—20.1.1920
Affe	21.1.1920— 7.2.1921
Hahn	8.2.1921— 6.2.1922
Hund	7.2.1922—14.2.1923
Schwein	15.2.1923— 4.2.1924
Ratte	5.2.1924—24.1.1925
Büffel	25.1.1925—12.2.1926
Tiger	13.2.1926— 1.2.1927
Hase	2.2.1927—22.1.1928
Drache	23.1.1928—10.2.1929
Schlange	11.2.1929—30.1.1930
Pferd	31.1.1930—17.2.1931
Ziege	18.2.1931— 6.2.1932
Affe	7.2.1932—25.1.1933
Hahn	26.1.1933—13.2.1934
Hund	14.2.1934— 4.2.1935
Schwein	5.2.1935—23.1.1936

雄

Ratte	24.1.1936—11.2.1937
Büffel	12.2.1937—31.1.1938
Tiger	1.2.1938—18.2.1939
Hase	19.2.1939— 7.2.1940
Drache	8.2.1940—26.1.1941
Schlange	27.1.1941—15.2.1942
Pferd	16.2.1942— 4.2.1943
Ziege	5.2.1943—25.1.1944
Affe	26.1.1944—12.2.1945
Hahn	13.2.1945— 1.2.1946
Hund	2.2.1946—21.1.1947
Schwein	22.1.1947— 9.2.1948
Ratte	10.2.1948—29.1.1949
Büffel	30.1.1949—17.2.1950
Tiger	18.2.1950— 6.2.1951
Hase	7.2.1951—26.1.1952
Drache	27.1.1952—14.2.1953
Schlange	15.2.1953— 3.2.1954
Pferd	4.2.1954—23.1.1955
Ziege	24.1.1955—11.2.1956
Affe	12.2.1956—30.1.1957
Hahn	31.1.1957—18.2.1958
Hund	19.2.1958— 7.2.1959
Schwein	8.2.1959—27.1.1960
Ratte	28.1.1960—15.2.1961
Büffel	16.2.1961— 4.2.1962
Tiger	5.2.1962—25.1.1963
Hase	26.1.1963—13.2.1964
Drache	14.2.1964— 2.2.1965
Schlange	3.2.1965—21.1.1966
Pferd	22.1.1966— 8.2.1967
Ziege	9.2.1967—29.1.1968
Affe	30.1.1968—16.2.1969
Hahn	17.2.1969— 5.2.1970
Hund	6.2.1970—26.1.1971
Schwein	27.1.1971—18.2.1972
Ratte	19.2.1972— 2.2.1973
Büffel	3.2.1973—23.1.1974
Tiger	24.1.1974—10.2.1975
Hase	11.2.1975—30.1.1976
Drache	31.1.1976—17.2.1977
Schlange	18.2.1977— 7.2.1978
Pferd	8.2.1978—27.1.1979
Ziege	28.1.1979—15.2.1980

鼠

Die angriffslustige Ratte

12. 2. 1888 — 30. 1. 1889
31. 1. 1900 — 18. 2. 1901
18. 2. 1912 — 6. 2. 1913
5. 2. 1924 — 24. 1. 1925
24. 1. 1936 — 11. 2. 1937
10. 2. 1948 — 29. 1. 1949
28. 1. 1960 — 15. 2. 1961
19. 2. 1972 — 2. 2. 1973

Man muß es ihnen lassen: Ratten haben Köpfchen! Was andere mit roher Gewalt zu erreichen suchen, gelingt ihnen mit listiger Schläue. Ihre Angriffslust ist kaum zu bändigen, wenn es gilt, einen Nebenbuhler aus dem Rennen zu werfen. Vorgesetzte schätzen sie als zuverlässige und strebsame Mitarbeiter, Partner als charmante und elegante Gespielen.

Untergebene werden sie nicht immer verstehen, denn ihr Wahlspruch heißt: alles oder nichts! Und von daher kommen die Enttäuschungen; manche Ratte kann eben Gewonnenes leichtsinnig wieder aufs Spiel setzen, ohne Rücksicht auf Verluste, um dann zu erkennen: wie gewonnen, so zerronnen. Aber sie wird sich immer von neuem fangen — ihr Ziel ist der Profit, des Lebens beste Seite.

Klar, daß ihre Berufswege zu Erfolgen führen müssen, als königlicher Kaufmann oder als rücksichtsloser Wucherer. Als Politiker führen sie das große Wort. Ihre Versprechungen sind ernst gemeint, aber sie werden auch mit lächelnder Miene das Gegenteil von dem sagen können, was sie eben noch als erstrebenswert gelobt haben.

Ratten haben oft künstlerische Hobbys, die sie sehr schnell in klingende Münze verwandeln können, wenn sie erst erkannt haben, was alles daraus zu machen ist. Denn am Gelde hängt, nach dem Gelde drängt bei den Ratten fast alles. (Der Hans, der in Smetanas Oper die eigene Braut listig an sich selber verkauft, könnte im Jahr der Ratte geboren sein!)

Aber man sollte Unterschiede bei den Ratten machen — die im Sommer Geborenen sind anders als die im Winter zur Welt Gekommenen. Und das ist durchaus logisch.

Die sommerlichen Ratten finden Nahrung im Überfluß, sie

können aus dem Vollen schöpfen. Das macht sie liebenswerter; trotz aller Aggressivität bleiben sie verbindlich, becircen durch ihren Charme die Umwelt. Sommer-Ratten sind noch ehrgeiziger als ihre winterlichen Genossen, sie können mit lächelndem Gesicht die größten Unverschämtheiten sagen und mit Vehemenz die Ellenbogen benutzen, um einen Konkurrenten aus dem Wege zu schubsen.

Die Angriffslust der Winter-Ratten gründet in der ständigen Angst ums tägliche Brot. Weibliche Angehörige dieses Tierzeichens legen Vorräte an, die über Jahre reichen, und es macht ihnen nichts aus, wenn vieles Schimmel ansetzt und verdirbt — man wirft es weg und füllt von neuem auf. Man sagt, Winter-Ratten neigten zur Völlerei, und von daher sei ihre Gesundheit gefährdet. Doch mit der Gesundheit macht's die Ratte wie mit dem Gelde: Wenn sie im tiefsten Sumpf zu versinken droht, zieht sie sich am eigenen Schopfe wieder heraus, eine Eigentümlichkeit, die auch auf im Sommerhalbjahr geborene Ratten zutrifft, nur daß diese nicht ganz so widerstandsfähig sind wie ihre winterlichen Schwestern.

Viele Ratten werden vom Leben verwöhnt. Dann lieben sie den Luxus, leider oft auch Völlerei und ausschweifendes Leben. Das bedeutet nicht nur Gefahr für die Gesundheit, sondern trübt auch den Blick. Gar manche Ratte umgab sich im Wohlstand mit falschen Freunden, die nur darauf warten, ihr eins aufs Haupt zu schlagen. Wird die Ratte so enttäuscht, zieht sie sich in ihr Loch zurück, mißtrauisch gegen jeden und unzufrieden mit sich selbst. Manche Ratten-Pleiten sind auf mangelnde Menschenkenntnis zurückzuführen: Man schenkte Vertrauen und wurde betrogen.

Auch in der Liebe geht die Ratte aufs Ganze. Und eigentlich erreicht sie ihr Ziel immer, auch wenn der angepeilte

Partner zunächst gar nicht so sehr interessiert schien. Das macht der Charme der Ratten-Männer, die Eleganz der hübschen Ratten-Mädchen.

Die Ratten-Frau heiratet im Gegensatz zum Ratten-Mann meist schon sehr früh. Sie ist leidenschaftlich und will den Geliebten am liebsten nur für sich. Argwöhnisch beißt sie vermeintliche Nebenbuhlerinnen aus dem Felde. Spielt der Mann das Liebesspiel zu zweit mit, hat er den Himmel auf Erden, aber wehe, wenn er fremd geht! Dann lernt er den Vulkan kennen, der ihn mit lodernder Lava überschütten wird. Besser er kriecht sofort zu Kreuz oder sucht das Weite.

Der Ratten-Mann bindet sich nicht gar so schnell. Er will erst an dieser oder jener Blume riechen, bevor er die schönste von allen in die Vase stellt. Er schindet bei den heiratswilligen Mädchen Eindruck durch seine Großzügigkeit, durch seinen äußeren Schein, durch seinen Sex-Appeal. Seiner Liebsten kann er alles geben, Gold und Silber, vielleicht auch einen Nerz, aber vor allem verschenkt er sein Herz.

In der Ehe sind Ratten häuslich; man könnte sie für Spießbürger halten, für Heimchen am Herde, wenn nicht ihr unbändiger Wille nach Geld und allem Glück der Welt da wäre, der sie unruhig macht. Denn bei aller Liebe zum Partner und zum eigenen Ich bleibt das Streben nach Profit der Ratten Lebensziel.

Wie erzieht man Ratten-Kinder?

Glauben Sie nur ja nicht, Ratten-Kinder seien schwer erziehbar. Das Gegenteil ist der Fall, wenn man sie noch ein wenig sanfter behandelt als andere Kinder. Dann kuscheln sie sich in der Eltern Schoß und machen in der Schule eitel Freude. Versucht man's mit Härte, werden sie verstockt und ziehen sich in einen Schmollwinkel zurück. Das wird auf die schulischen Leistungen abfärben. Und die Schläge, die kleine Ratten zu Hause bekommen, werden doppelt an die schwächeren Spielkameraden ausgeteilt. Verwöhnen Sie also Ihr Ratten-Kind ruhig ein wenig, es wird Ihnen Ihre Güte mit Liebe und Anhänglichkeit vergelten und Freunde haben, mit denen es sich verträgt.

Die Ratte vom Widder bis zu den Fischen

Widder-Ratten (21. 3. — 20. 4.) wollen meist mit dem Kopf durch die Wand. Sie erreichen viel im Leben, sind die geborenen Manager. Was sie einmal entschieden haben, werden sie kaum umwerfen. Energie ist ihr Kapital.

Stier-Ratten (21. 4. — 20. 5.) sind bei aller Geschäftstüchtigkeit sehr häuslich. Sie schätzen ein friedliches Familienleben, aus dem sie die Kraft für den Beruf schöpfen. Sie sind besonders liebenswürdig.

Zwillinge-Ratten (21. 5. — 21. 6.) haben oft dünne Nervenstränge. Aber sonst sind sie meist das Beste, was Ratten-

Jahre zu bieten haben. Sie werden sich auch in der Liebe ins rechte Licht setzen.

Krebs-Ratten (22. 6. — 22. 7.) können schlecht Kritik vertragen. Sie werden wegen ihres Sachverstandes sehr geschätzt. Es sind die Träume, die ihnen oft den Weg nach oben verbauen.

Löwe-Ratten (23. 7. — 23. 8.) sind Persönlichkeiten, die den Kopf höher tragen als andere. Ihre Großzügigkeit könnte sie in Kalamitäten bringen, ihr Stolz sie arrogant erscheinen lassen.

Jungfrau-Ratten (24. 8. — 23. 9.) haben Sinn für finanzielle Werte. Manchmal sind sie zu kleinlich; das macht auch das Zusammenleben mit ihnen etwas schwerer. Sie wissen sich besonders elegant zu kleiden.

Waage-Ratten (24. 9. — 23. 10.) sind für den Ausgleich in allen Lebenslagen. Sie lieben den Luxus mehr noch als andere Ratten. In der Liebe sind sie oft umschwärmter Mittelpunkt des anderen Geschlechts.

Skorpion-Ratten (24. 10. — 22. 11.) sind kämpferische Typen, die sich durchbeißen, um ihr Ziel zu erreichen. Nichts ärgert sie übrigens mehr als Unaufrichtigkeit.

Schütze-Ratten (23. 11. — 21. 12.) schießen manchmal übers Ziel hinaus. Sie sind vortreffliche Redner, halten aber nicht immer, was sie versprechen. Sie sind tüchtige Leute, aber etwas knickerig.

Steinbock-Ratten (22. 12. — 20. 1.) prüfen lange, bevor sie wählen. Aber dann halten sie meist an dem für richtig Erkannten ein Leben lang fest. Man kann sie nur schwer in die Ehefalle locken.

Wassermann-Ratten (21. 1. — 19. 2.) suchen oft in fremden Ländern ihr Glück, sind unruhig und ungeduldig. Haben sie das eine Ziel erreicht, gehen sie schon auf das nächste zu. Sie sind meist sehr klug.

Fische-Ratten (20. 2. — 20. 3.) sind stets auf der Jagd nach dem Glück, obwohl sie keine ausgesprochenen Glücksritter sind. Auf charmante Weise können sie ihre Freunde für sich einspannen.

Die Partner der Ratte

Ratten untereinander lieben sich sehr, sie spielen miteinander zärtlich. Sie tun sich nicht wehe, aber manchmal kocht die Leidenschaft über.

Büffel sind nicht unbedingt der Typ der Ratte, weil sie nicht so temperamentvoll lieben und leben können. Trotzdem findet die Ratte beim Büffel Sicherheit.

Tiger überzeugen die Ratte mit ihrer Herzlichkeit. Aber sie wollen dominieren. Leider kann die Ratte nur schlecht klein beigeben — eine schwierige Partie.

Hasen bringen die Ratte leicht auf die Palme mit ihrer ruhigen Art. Man liebt zwar Haus und Heim, aber beim Geld kann's zum Krach kommen.

Drachen sind die idealen Partner für Ratten, weil sie sich ergänzen können, vor allem auf geistigem Gebiet. Eine Ehe zwischen beiden baut auf guter Kameradschaft.

Schlangen sind für Ratten rätselhafte Wesen, die sich ihnen nie ganz offenbaren. Oft aber finden sie gleiche Interessen, und dann kann's gutgehen.

Pferde kommen bei Ratten nicht immer an. Sie sind zu sehr auf Abenteuer aus, und dabei kann der von der Ratte erstrebte Profit zum Teufel gehen.
Ziegen sind für Ratten oft zu verschlossen; sie sagen nur das, was sie unbedingt für nötig halten. Beide haben vieles gemeinsam, aber das genügt nicht.
Affen sind für die Ratten ideale Lebenspartner, in jeder Hinsicht liebens- und bewundernswert. Die Ratte haßt nur des Affen seltsame Späße.
Hähne sind den Ratten leidenschaftliche Partner, die aber auch manchen Streit vom Zaune brechen. Leider verlangen Hähne oft zu viel von ihren Ratten.
Hunde sind die besten Freunde der Ratten, weil sie ein wenig Ruhe ins Heim der Ratte bringen. Da gibt's kaum Streit, und die Einnahmen werden brüderlich geteilt.
Schweine sind für Ratten manchmal zu empfindlich. Aber im geistigen Bereich liegen beide auf einer Wellenlänge. Auch im Materiellen treffen sie sich.

牛

Der sanfte Büffel

31. 1. 1889 — 20. 1. 1890
19. 2. 1901 — 26. 1. 1902
7. 2. 1913 — 25. 1. 1914
25. 1. 1925 — 12. 2. 1926
12. 2. 1937 — 31. 1. 1938
30. 1. 1949 — 17. 2. 1950
16. 2. 1961 — 4. 2. 1962
3. 2. 1973 — 23. 1. 1974

Dem Büffel, sagt ein altes chinesisches Sprichwort, ist das frische Gras lieber als eine goldene Futterkrippe. Es spiegelt die bescheidene Art der Leute wider, die in einem Büffel-Jahr geboren wurden. Dabei sind es Menschen von Saft und Kraft, denen man trotz aller Behäbigkeit anmerkt, daß sie zu arbeiten gewohnt sind. Sie sind sanft und geduldig — aber wehe, jemand reizt sie! Den nehmen sie sofort auf die Hörner. Denn hinter ihrem ruhigen Wesen steckt der Choleriker, der wutschnaubend Hindernisse aus dem Weg räumen kann, der sich Respekt verschaffen wird, und der nach oben will, ohne Rücksicht auf Verluste.

Der Büffel wird immer den geraden Weg suchen. Krumme Touren sind ihm verhaßt. Er vertraut auf seine Arbeitskraft. Sein stures Beharren auf dem, was er einmal als richtig erkannt hat, macht ihm im Kollegenkreis manchen Feind, fördert aber sein Ansehen bei Vorgesetzten. So wird er bald hochgelobt in die obere Etage des Lebens, kann sich alles Erdenkliche leisten und vielen befehlen. Denn Kommandieren tut er für sein Leben gern.

Das prädestiniert ihn zum Chef einer Polizeieinheit ebenso wie zum Abteilungsleiter eines Industrie-Unternehmens, zum Chefarzt wie zum Boß eines Handwerksbetriebes. Aber er wird ebenfalls in künstlerischen Berufen seinen Mann stehen, als Lichtbildner etwa und als Architekt. Er schätzt auch bodenständige Arbeit, wäre mithin der geborene Landarbeiter. Da er jedoch nie ganz unten bleiben kann, wird er bald des Bauern Tochter heiraten und den eigenen Hof bestellen.

Bei den Frauen sind die Ziele ähnlich gesteckt, nur daß hier noch einige Sozialberufe hinzukommen, in denen die Büffel-Dame den Aufstieg sucht. Viele Managerinnen von heute sind unterm Büffel-Zeichen geboren. Freilich darf auch nicht verschwiegen werden, daß die Weltgeschichte einige Diktatoren kennt, die in Büffel-Jahren zur Welt kamen.

Wie ganz anders sind doch Büffel in den eigenen vier Wänden. Da sind sie die Sanftheit in Person. Büffel-Damen sind die liebevollsten Mütter, die aufmerksamsten Ehe- und Hausfrauen, wenn es nur nach ihrem eigenen Kopf geht. Wehe dem Mann, der sich erdreistete, in ihre Kochtöpfe zu schauen! Man lasse sie schalten und walten und hat bei ihr den Himmel auf Erden.

Der Büffel-Mann ist traditionsbewußt, die Güte selbst. Er überschüttet seine Lieben mit Freundlichkeiten. Und doch ist es möglich, daß sie sich gegen ihn auflehnen, obwohl sie wissen, daß für ihn kein Opfer zu groß ist, sofern es nur den Wohlstand der Familie sichert.

Wenn sie sich erst mal die Hörner ein wenig abgestoßen haben, sieht man die Büffel oft in Spitzweg-Pose daheim — mit Pantoffeln an den Füßen und der Zipfelmütze auf dem Haupte. Denn Gemütlichkeit geht ihnen nach des Tages langer Arbeit über alles.

Trotzdem können sie recht unbequeme Ehepartner sein. Nicht, daß Büffel eifersüchtig wären. Das haben sie gar nicht nötig; denn wenn sie vor dem Traualtar ihr Jawort gegeben haben, vereinnahmen sie den Ehegespons als persönliches Eigentum. Herzensdiebe, die sich da einschleichen wollen, um fremde Früchte zu ernten, oder gewissenlose Hausfreunde werden nicht geduldet.

Man ist treu und kann darum auch Treue verlangen! Zum Dank ist der Büffel-Partner so eine Art Lebensversicherung: Er sorgt stets vor, daß noch ein Notgroschen in der Kasse

bleibt, der sich mit der Zeit zu einem stattlichen Bankguthaben vervielfältigen wird.
Büffel-Männer haben viel für den Sex übrig; ihre sanfte, behutsame Art wird von Frauen gelobt. Nur hält er sich meistens nie lang beim Vorspiel auf, sondern geht gleich zur Sache, wobei er oft die romantischen Gefühle seiner Herzallerliebsten zertrampelt, nicht verstehend, daß sie nicht ebenso robust reagiert wie er selber.
Büffel-Frauen sind sinnlicher veranlagt. Sie tragen stets viele unerfüllte Sehnsüchte im Reisegepäck auf dem Lebensweg mit. Aber nie werden sie sich ihrem Partner offenbaren. Sie werden seine Sexgelüste hinnehmen, mitmachen und schweigen — wie anders hatten sie es sich doch im Honigmond der Liebe gedacht!
Wer mit Büffeln zusammenleben muß, sollte sie gewähren lassen; im Grunde meinen sie es ja alle gut mit ihren Mitmenschen. Oder von vorneherein einen Strich ziehen: bis hierher und nicht weiter!
Büffel-Damen und Büffel-Herren aber sei der Rat gegeben, etwas weniger die Hörner zu zeigen, wenn es mal nicht so recht nach ihrem Willen geht. Das würde sie mehr Freunde und mehr Lebensfreude finden lassen. Die sanften Büffel sind es, die alle lieben. Sie sollten öfter abschalten und ihren künstlerischen oder sportlichen Hobbys nachgehen — das erhält sie gesund bis ins Methusalem-Alter.

Wie erzieht man Büffel-Kinder?

Schon als Baby hat das Büffel-Kind seinen eigenen Kopf; es will nicht immer, wie die Mutter möchte. Bereits wenig später verstärkt sich dieser Drang nach Unabhängigkeit. Man sollte das Büffel-Kind gewähren lassen, nicht mäkeln und herumkommandieren, schon wegen der Komplexe, die sich da festsetzen könnten! Dieses Kind entwickelt sich dann ganz von selbst, ist zu jedermann höflich und freundlich und wird auch in der Schule nicht schlecht sein. Und wenn es mal spinnt, lassen Sie es links liegen — es kommt schon von selbst wieder zu sich.

Der Büffel vom Widder bis zu den Fischen

Widder-Büffel (21. 3. — 20. 4.) nehmen jeden auf die Hörner, der sich ihnen entgegenstellt. Ihr Wille ist nicht zu bezähmen, aber leider auch unkontrollierbar. Sie sind weniger häuslich als andere Büffel.

Stier-Büffel (21. 4. — 20. 5.) haben besonders viel Familiensinn. Sie können keinem etwas zu leide tun. Nur hier und da bricht ihr Temperament durch, und dann fliegen die Fetzen.

Zwillinge-Büffel (21. 5. — 21. 6.) haben neben viel Durchsetzungskraft noch mehr Humor. Sie sind tolerant, wissen aber mit Schläue immer und immer wieder die eigene Meinung ins rechte Licht zu rücken.

Krebs-Büffel (22. 6. — 22. 7.) träumen gern am eigenen Kamin. Sie denken langsam, darum um so gründlicher. Man kann sie ausnutzen bis zu einem gewissen Grade. Für viele sind sie besonders angenehme Partner.

Löwe-Büffel (23. 7. — 23. 8.) lassen manchmal die Fünf gerade sein. Man sollte sie nicht necken, das verletzt ihren Stolz und macht sie wild. In der Ehe muß man sich mit ihnen erst zusammenraufen und — kuschen!

Jungfrau-Büffel (24. 8. — 23. 9.) lieben nicht viel Worte. Sie gehen stur auf das gesteckte Ziel los, aber es ist möglich, daß sie kurz vor Erreichen Minderwertigkeitskomplexe bekommen.

Waage-Büffel (24. 9. — 23. 10.) sind eine seltsame Mischung. Sie haben Verständnis für ihre Mitmenschen, ecken aber gerade deswegen manchmal an. Sie sind zärtlicher als andere. Wenn nur die Hörner nicht wären . . .

Skorpion-Büffel (24. 10. — 22. 11.) können sehr jähzornig reagieren. Das macht der Stachel, der zu den Hörnern kommt. Sie nehmen jeden Gegner an. Und darum ist es besser, ihr Freund zu sein.

Schütze-Büffel (23. 11. — 21. 12.) finden oft nicht Maß und Ziel. Im allgemeinen sind sie aber sehr versöhnlich. Sie drängen zur Spitze und bemühen sich dann, human und ausgleichend zu wirken.

Steinbock-Büffel (22. 12. — 20. 1.) können nicht sehr viel Spaß vertragen. Sie glauben, daß alles Heil aus der Arbeit kommt. Müßiggang ist ihnen verhaßt. Sie sind auch ziemlich unbequeme Ehepartner.

Wassermann-Büffel (21. 1. — 19. 2.) sind tolerant, die geborenen Beichtväter. Sie lassen ihre Überlegenheit niemanden spüren, üben Gewalt nur mit Sammetpfötchen aus. Liebenswerte Partner!

Fische-Büffel (20. 2. — 20. 3.) haben einen etwas seltsamen

Humor, der auf Kosten ihrer Mitmenschen geht. Dabei wollen sie eigentlich immer nur das Beste, nur an der Durchführung hapert's.

Die Partner des Büffels

Ratten mögen die etwas schwerfällige Art der Büffel. Es kann zu gutem Verstehen kommen, wenn beide ihre Herrschsucht überwinden.

Büffel untereinander verbindet eine zuverlässige, manchmal aber etwas langweilige Partnerschaft. Sie sind am liebsten zu Hause und träumen miteinander.

Tiger reißen gern die schwerfälligen Büffel — wie sollte sich da ein Büffel verlieben können? In solchen Verbindungen kracht es öfter wegen des Tigers Heftigkeit.

Hasen sind die besten Ehepartner der Büffel, weil sie viel für eine gepflegte Häuslichkeit übrig haben. Allerdings: Chef daheim ist der Büffel!

Drachen beharren stur auf einer einmal gefaßten Meinung, der Büffel auch. Hier liegt der Zündstoff für handfeste Auseinandersetzungen, die gegen eine solche Bindung sprechen.

Schlangen sind anpassungsfähig, das wird sich auch in einer Liaison mit dem Büffel beweisen. Aber der Büffel verlangt Treue, und das kostet die Schlange Überwindung.

Pferde bringen Unruhe ins Heim des Büffels. Er schätzt die Lebensfreude der Pferde, aber ihr Temperament fällt ihm auf die Nerven. Die Pferde müßten nachgeben.

Ziegen haben Sinn für Romantik, das mag der Büffel. Aber er wird an der Ziegen Unentschlossenheit verzweifeln. Auf lange Sicht wird eine solche Bindung schwierig.

Affen treiben ihre Späße mit jedermann. Der Büffel erträgt sie zunächst geduldig, dann setzt es Hiebe. Affen müßten schon in sich gehen, um Dauerhaftes zu erreichen.

Hähne sind die Favoriten der Büffel; sie ordnen sich unter, ohne dabei die schönsten Federn zu verlieren. Eine Hahn-Büffel-Ehe hat meistens Bestand.

Hunde verbellen den Büffel, und der knurrt wütend zurück. Trotzdem kann eine Partnerschaft gelingen, wenn der Hund sich auf seine Tugenden besinnt und kuscht.

Schweine und Büffel sind sich absolut treu. Aber das reicht nicht, wenn man nicht die gegenseitigen Schwächen übersieht, also Toleranz übt.

虎

Der verwegene Tiger

21. 1. 1890 — 8. 2. 1891
27. 1. 1902 — 29. 1. 1903
26. 1. 1914 — 14. 2. 1915
13. 2. 1926 — 1. 2. 1927
1. 2. 1938 — 18. 2. 1939
18. 2. 1950 — 6. 2. 1951
5. 2. 1962 — 25. 1. 1963
24. 1. 1974 — 10. 2. 1975

Den Tiger streichelt man nicht, sagen die Chinesen. Man achtet ihn, man sieht zu ihm auf. Und schon fängt der Wilde an zu schnurren.

So harmlos sind die Tiger nicht. Sie gehen auf die Jagd nach lockenden Zielen, meiden keinen Streit — Kampf ist ihr Lebenselixier. Tiger sind verwegen, sie schauen weder nach rechts noch links, wenn sie die Beute wittern. Das macht sie für einen Flankenangriff verwundbar.

In Tiger-Jahren Geborene streben geradewegs nach oben. Sie wollen bewundert werden. Aber es ist nicht ihre Tüchtigkeit, ihr geistiges Format, das ihrer Mitmenschen Bewunderung erheischt, es ist die Persönlichkeit, ihr herrisches Auftreten, das sie zum Führer stempelt.

Revolutionären Ideen gegenüber sind sie eher aufgeschlossen als Leute aus anderen Tierzeichen. Wenn irgendwo Stunk gemacht werden muß, sind sie dabei. Ihre Autorität ringt selbst den Gegnern Anerkennung ab.

Mit Wagemut stürzen sich die Tiger in den Beruf. Das Leben eines Buchhalters wäre ihm zu eintönig, das einer Schneiderin ihm zu pingelig. Etwas Aufregung muß auch bei der Arbeit sein. Man will forschen, kämpfen, entwickeln. Ingenieure sind massenweise unter den Tigern (auch weibliche!), Rennfahrer und Soldaten, Unternehmer und angriffsfreudige Politiker, Bardamen und streitbare Verfechterinnen der Emanzipation. Halbes kennen die Tiger nicht, sie gehen stets aufs Ganze.

Die Bewunderung, die ihnen allenthalben entgegenschlägt, macht sie manchmal eitel. Das drückt sich bei den Damen in übertriebener Putzsucht aus, bei den Herren in süffisanter Arroganz. Die meisten Tiger jedoch wissen Bewunderung als Gottesgeschenk zu nehmen und danach zu handeln; sie sind vorbildliche Vorgesetzte, einmalige Kollegen. Der Beifall spornt sie zu neuen Taten an.

Es ist nicht unbedingt ein Fehler, daß der Tiger immer gegen irgendetwas ist. Das macht ihn in gewisser Beziehung sogar zum Weltverbesserer, denn Ungerechtigkeit zum Beispiel kann er auf den Tod nicht ausstehen. Er kämpft auch gegen die bösen Kapitalisten, aber es ist durchaus möglich, daß er im Kampf für soziale Gerechtigkeit selbst zum Kapitalisten wird. Das ist das Zwiespältige in der Nachtseele des Tigers.

Man muß den Tigern eine gehörige Portion Dickköpfigkeit bescheinigen. Das gilt auch für die Liebe. Tiger jagen ihr Wild solange, bis es erschöpft um Gnade fleht. Sie sind ausdauernd, können aber auch überzeugen. Nur verlieren sie oft den Spaß an der Sache. Tiger lieben den Wechsel — im Beruf, bei den Idealen, aber auch in der Liebe.

Ist es da nicht verständlich, wenn viele in Tiger-Jahren Geborene den Scheidungsrichter aufsuchen? Sie versuchen's danach noch einmal und bleiben trotzdem gut Freund mit dem Menschen, von dem man sich trennte. Tiger sind nicht nachtragend, und überdies wissen sie von dem Quentchen Schuld, das sie selbst stets auf sich laden.

Schicke Tiger-Damen binden sich oft zu schnell; und dann wissen sie, daß Liebe unglücklich macht. Für Augenblicke nur — an der nächsten Ecke steht ja schon ein anderer, der ihnen noch mehr bieten könnte. Sie stolpern gewissermaßen von einem Liebesabenteuer in das nächste. Und die schönste Bindung geht kaputt, weil man immer wieder einen findet, der noch besser schien als der vorherige.

Einige Tiger werden erst nach der Lebensmitte vernünftig, manche überhaupt nicht. Viele kuschen nach genügend Erfahrungen und lassen sich dann zähmen. Man gebe den Tigern, die man an sich bindet, nur ja ein wenig Auslauf, sonst brechen sie aus und verschwinden bei Nacht und Nebel. Was Ehepartner an ihren Tigern übrigens besonders lieben, ist deren Temperament, aber auch die Einfühlsamkeit, mit der sie auf alles eingehen, was dem anderen Kummer macht.

Bei den Tigern kommt es vor allem darauf an, zu welcher Tageszeit sie geboren wurden. Kinder der Nacht sind ausgeglichener und fröhlicher als ihre Schwestern und Brüder, die um die Mittagszeit das Licht der Welt erblickten. Mittagskinder sind unruhiger, wirken gehetzter. Tiger-Kinder der Nacht wissen um ihre Macht; sie können sich ungesehen auf die Beute stürzen.

Tiger sind tapfere Gesellen, aber sie suchen auch ständig das Risiko. Und von daher droht ihnen Gefahr. Sie müßten sich dazu zwingen, ruhig zu überlegen, alles genau zu durchdenken, bevor sie zur Tat schreiten — aber welcher Tiger kann schon ruhig bleiben in dieser unruhigen Welt?

Wie erzieht man Tiger-Kinder?

Es sind fröhliche Kinder, die in einem Jahr des Tigers geboren wurden. Vom Lernen, das merken die Eltern schon bald, halten sie nicht allzu viel, wobei sie meist gar nicht so schlechte Zeugnisse aus der Schule heimbringen. Das macht ihre schnelle Auffassungsgabe. Bei den Schulkameraden ist das Tiger-Kind beliebt; sein Spieltrieb findet immer neue Varianten, die andere Kinder begeistern. Aber wenn ihm einmal etwas gegen den Strich geht, kann es seine Wut nicht beherrschen: Tiger-Kinder prügeln sich für ihr Leben gern, vertragen sich jedoch auch wieder schnell. Sie sind schwierig, aber gute Beispiele, die ihnen die Eltern geben, nehmen sie sofort an.

Der Tiger vom Widder bis zu den Fischen

Widder-Tiger (21. 3. — 20. 4.) ecken an, wo sie nur können. Sie stürmen und drängen und haben etwas von einem Düsenjäger an sich, der die Schallmauer durchbricht. Sie sind kurzentschlossen, auch in der Liebe.

Stier-Tiger (21. 4. — 20. 5.) jagen oft nach Geld und festen Werten, sind einfühlsamer als andere Tiger, dafür aber auch eher eingeschnappt. Als Ehepartner kann man sie mit einigem Verständnis leicht zähmen.

Zwillinge-Tiger (21. 5. — 21. 6.) stürzen sich mit Vehemenz ins volle Menschenleben und erreichen mit Wagemut, der an Waghalsigkeit grenzt, oft Spitzenkarrieren. Ihre Scheidungsquote ist hoch.

Krebs-Tiger (22. 6. — 22. 7.) sind so, wie sie ein chinesisches Sprichwort sieht: Sie schleichen sich ein und wollen nicht gesehen werden. Man kann sie am ehesten zähmen, aber Vorsicht vor ihren Krallen!

Löwe-Tiger (23. 7. — 23. 8.) verschenken oft ihre letzte Habe. Wehe aber, man verletzt ihren königlichen Stolz! Dann brüllen sie, daß die Wände wackeln. Man sollte sie ab und zu kraulen, ihnen aber nie widersprechen.

Jungfrau-Tiger (24. 8. — 23. 9.) machen mehr mit Köpfchen, denn mit roher Gewalt. Und deshalb bringen es diese Tiger von allen am weitesten. Viele finden sich in den Chefetagen wieder.

Waage-Tiger (24. 9. — 23. 10.) sind meist etwas unsicher, weil die Streitlust des Tigers mit der Waage Sinn für Harmonie konfrontiert wird. In der Ehe müssen sie mal aus dem Käfig ausbrechen können.

Skorpion-Tiger (24. 10. — 22. 11.) wildern oft, aber wer sie zähmt, hat in ihnen einen treuen Freund. Nur ist es mit der Zähmung nie weit her, denn irgendwann brechen Krallen oder Stachel durch.

Schütze-Tiger (23. 11. — 21. 12.) sind am schwersten einzufangen. Sie lieben die Freiheit, was sie nicht hindert, im Dschungel der Liebe mal dieses und mal jenes Wild zu schlagen.

Steinbock-Tiger (22. 12. — 20. 1.) sind zähe und ausdauernde Kämpfertypen. Was sie sich in den Kopf setzen, das führen sie auch durch. Allerdings lassen sie sich durch Vernunftgründe manchmal umstimmen.

Wassermann-Tiger (21. 1. — 19. 2.) haben revolutionäre Ideen, die sie auch in die Tat umsetzen werden. Ihr Gerechtigkeitssinn ist sprichwörtlich, was nicht ausschließt, daß sie damit anecken.

Fische-Tiger (20. 2. — 20. 3.) reagieren mit Gefühl. Sie versuchen im Spiel zu erreichen, was anderen nur mit harter Arbeit gelingt. Man mag sie sehr.

Die Partner des Tigers

Ratten versuchen mit List, was der Tiger mit Eleganz und Charme erreicht. Hier treffen zwei zusammen, bei denen es zu Meinungsverschiedenheiten kommen kann.

Büffel haben ein sehr sanguinisches Temperament. Der Tiger müßte sich schon schwer ändern, wenn ihn die ruhige Art des Büffels nicht rasend machen würde.

Tiger unter sich können rechte Schmusekatzen sein. Wenn nur nicht die harten Pranken wären, denn jeder von beiden will in der Gemeinschaft den Ton angeben.

Hasen schmeicheln sich bei Tigern ein. Ihr weiches Wesen steht zwar im Widerspruch zu der zupackenden Art des Tigers, aber bekanntlich ziehen sich Gegensätze an.

Drachen sind den Tigern auf vielen Gebieten überlegen. Aber sie lassen diese Überlegenheit nicht spüren. Das mag der Tiger. Und so kommt eine gute Verbindung zustande.

Schlangen setzen der Kraft des Tigers eine Portion mehr Klugheit entgegen. Das tut nicht immer gut und kann zu neuen und stärkeren Differenzen führen.

Pferde mögen das drauflosstürmende Temperament des Tigers. Sie gleichen aus, und der Tiger hört auf sie. So ergibt sich eine haltbare Lebenskampfgemeinschaft.

Ziegen sind durchaus anpassungsfähig, aber des Tigers Rasanz fordert ihre Kritiklust heraus. So kommt es bald zu handfesten Auseinandersetzungen. Und die Ziege wankt von hinnen.

Affen treiben ihre Späße auch mit dem Tiger, die dieser zunächst mit Humor erträgt. Sobald die Affen aber übertreiben, ist es aus mit des Tigers Gemütlichkeit.

Hähne haben denselben Stolz wie Tiger. Es könnte nur zu

Streit kommen, wenn ihnen der Kamm schwillt und sie sich dem doch so erhabenen Tiger überlegen zeigen.

Hunde können sich unterordnen, wenn sie das Format ihres Partners schätzen gelernt haben. An der Seite des Hundes wird der Tiger mit der Zeit ruhiger und ausgeglichener werden.

Schweine haben nicht das Temperament des Tigers. Aber sie gleichen sein oft übereiliges Vorpreschen durch viel Verständnis aus. Ob das dem Tiger genügt?

兔

Der gutmütige Hase

9. 2. 1891 — 29. 1. 1892
30. 1. 1903 — 16. 2. 1904
15. 2. 1915 — 3. 2. 1916
2. 2. 1927 — 22. 1. 1928
19. 2. 1939 — 7. 2. 1940
7. 2. 1951 — 26. 1. 1952
26. 1. 1963 — 13. 2. 1964
11. 2. 1975 — 30. 1. 1976

Hasen sind die besten Beichtväter. Sie wissen in allen Lebenslagen Rat. Nur bei eigenen Belangen sind sie manchmal ratlos. Sie geben auch die besten Alleinunterhalter ab; wenn sie jemand gefunden haben, der ihnen geduldig zuhören kann, erzählen sie ihm von all den vielen Problemchen, die sich ihnen stellen, von Freud und von Leid. Der Hasen Plappermäulchen steht dann nicht still, wobei sie mit der Zeit, wenn sie Konkretes nicht mehr zu berichten wissen, Dichtung mit Wahrheit mischen. Solcher Cocktail geht dem einen wie Honigwein runter, dem anderen stößt er auf. Und dann fühlt sich der Hase unverstanden und braucht selbst einen Beichtvater.

Im Grunde genommen sind Hasen sehr gutmütig. Sie können das Leid ihrer Mitmenschen tragen helfen, die Kranken pflegen und die Verzweifelten trösten. Schon manche Träne wurde von Hasen vergossen über das Ach und Weh der bösen Welt, die sie zu ändern wünschen, aber nicht ändern können, weil sie eben doch nur kleine schwache Häslein sind.

Manch einer hält die Hasen für oberflächlich trotz der eben geschilderten Samariter-Eigenschaften. Tatsächlich haben sie viele Freunde, denen sie Rat und Hilfe angedeihen lassen und denen sie sich mitteilen. Aber sie zeigen auch manchem die kalte Schulter, den sie nicht in den Kreis ihrer Freunde oder den der eigenen Familie einordnen können.

Man kann zu den Hasen Vertrauen haben. Das wissen auch viele Chefs, deren rechte Hand sie sind. Hasen sind zwar nicht die schnellsten Arbeiter, aber sie haben Ausdauer, verbeißen sich in Probleme und lösen sie oder — was weit weniger vorkommt — lassen sie fallen. Man findet sie in allen Sparten der Rechtswissenschaft, im diplomatischen

Dienst, im Bankfach und in anderen Positionen, die sich um den Umgang mit Geld und festen Werten drehen.
Als darstellende Künstler sind sie wegen ihrer Feinnervigkeit und ihrer Fähigkeiten, sich in anderer Rollen zu versetzen, ebenso gefragt wie am Schreibpult des Dichters oder des Journalisten. Sie können auch ein Familienunternehmen zu Macht und Ansehen führen, zumal sie in punkto Familie nur die eine Richtung kennen — jene, in der alles stimmen muß.
Hasen-Frauen stehen in all diesen Berufen ebenso ihren Mann. Bei ihnen kommt noch eine spezielle Fähigkeit hinzu: Sie sind die geborenen Hausfrauen! Dem Mann machen sie das Heim zum Schmuckkästchen, den Kindern die Familie zum sicheren Hort. Sie bekochen ihre Lieben mit immer neuen Gerichten und sind enttäuscht, wenn es jemandem bei ihnen mal nicht so schmeckt, wie sie es sich dachten. Der Mann ihrer Wahl sollte der Hasen-Frau ein Haus bieten mit grünendem Gärtchen, in dem sie es blühen und wachsen lassen wird.
Auch Hasen-Männer lieben das eigene Heim. Aber es ist möglich, daß sie es öfter mal gegen ein anderes vertauschen. Das kommt daher, daß sie sich oft enttäuscht fühlen von dem Partner, mit dem sie dann nach dem ersten großen Krach friedlich auseinandergehen; man bleibt gut Freund, aber das Tischtuch ist zerschnitten.
In einem Jahr des Hasen geborene Menschen lieben zwar die Ruhe und den Frieden, sie können aber auch ganz gut mitmischen, wenn es auf in den Kampf geht. Sie streiten gern um des Kaisers Bart und beharren oft auf ihrem Standpunkt selbst dann noch, wenn sie längst erkannt haben, daß sie mit ihrer Meinung auf dem Holzweg sind.

In ihrer Nachtseele steht manches von Launen und Besserwissen geschrieben, was bei vielen Hasen nicht zum Durchbruch kommt, wenn sie sich verstanden fühlen.
Es ist die intakte Familie, nach der sich alle Hasen sehnen. Sie wollen umsorgen und umsorgt werden. Wenn da was nicht stimmt, ergreifen sie leicht das Hasenpanier; dann ist der Alkohol ihr Tröster, oder sie werden plötzlich nicht mehr gesehen.
Hasen kleiden sich elegant, sie haben eine Vorliebe für Gold und Geschmeide. Aber alles muß geschmacklich aufeinander abgestimmt sein. Mancher hält sie für pedantisch, für zu konservativ. Wer weiß schon von den revolutionären Ideen, die auch ein Hasen-Herz bewegt?
Auf der Schattenseite dieses gutmütigen Menschentys ist auch eine gewisse Sturheit zu vermerken; wenn er mal was will, dann setzt er es auch durch, und wenn — vor allem bei sentimentalen Hasen-Frauen — das Tränen-Krüglein brechen muß, das den Widerstand eines Andersdenkenden hinwegfließen läßt.
Fassen wir zusammen: Mit den Hasen läßt es sich leben im Freundeskreis und in der Familie. Man muß sie nehmen, wie sie wirklich sind, anschmiegsam und vertrauensselig, hilfsbereit und für gute Freunde immer da. Sie werden nie ganz untergehen, denn im rechten Augenblick findet jeder Hase doch noch den Ausweg aus einem verfallenen Bau. Enttäuschungen treffen sie besonders hart, aber sie überwinden sie schneller als andere aus dem Tierkreis.

Wie erzieht man Hasen-Kinder?

Hasen sind Muttersöhnchen, und auch die kleinen Häsinnen vertrauen sich eher der Mutter als dem Vater an. Von daher ergeben sich einige Probleme: Hasen-Kindern mangelt es oft an früher Selbständigkeit. In der Schule arbeiten sie, wie später im Beruf, brav und gewissenhaft. Sie haben ein paar Freunde, nicht allzuviele, denn die Zahl muß überschaubar sein. Sie sind ängstlicher als andere Kinder und leicht zu verletzen. Trotzdem sollte man sie nicht in Watte packen, sondern ihren Widerstandswillen wecken. Das gibt ihnen Sicherheit fürs ganze fernere Leben.

Der Hase vom Widder bis zu den Fischen

Widder-Hasen (21. 3. — 20. 4.) schlagen manchmal Haken, um Unannehmlichkeiten aus dem Wege zu gehen. Sie erreichen mehr als andere Hasen, weil sie keine Angst kennen. Vorsicht, man sollte nie mit ihnen streiten!
Stier-Hasen (21. 4. — 20. 5.) sollten Vorbild für alle anderen Hasen sein. Sie sind gute Gastgeber und verläßliche Partner. Sie können sehr herzlich sein, manchmal aber auch stur auf ihrem Standpunkt beharren.
Zwillinge-Hasen (21. 5. — 21. 6.) bringen meist Unruhe ins Haus. Sie sind zuverlässige Arbeiter, aber man sollte von ihren großartigen Versprechungen nur die Hälfte glauben. Gegner werden geistvoll ausgetrickst.
Krebs-Hasen (22. 6. — 22. 7.) geht die Ruhe über alles. Sie

schließen schnell Freundschaften, weil sie vertrauensselig sind. Trübe Gedanken sind für sie Gift. Geschätzt wird vor allem ihr freundliches Wesen.

Löwe-Hasen (23. 7. — 23. 8.) sind etwas zwiespältig. Auf der einen Seite drängen sie nach oben, auf der anderen gönnen sie auch anderen den Platz an der Sonne. Aber man sollte sich nicht mit ihnen anlegen.

Jungfrau-Hasen (24. 8. — 23. 9.) sind meist übervorsichtig, typische Angsthasen, wenn es gilt, sich im Leben durchzusetzen. Trotzdem zwingen sie manches unter ihren Willen. Das macht ihr wacher Geist, ihr Finanzgenie.

Waage-Hasen (24. 9. — 23. 10.) sieht man gern. Es ist allerdings möglich, daß sie durch ihren Redeschwall langweilen. Sie sind sanftmütig und die Erfinder wunderschöner Ausreden, wenn man ihnen auf die Schliche kam.

Skorpion-Hasen (24. 10. — 22. 11.) ziehen alle in ihren Bann. Äußerlich ruhig und freundlich, können sie eine Energie entfalten, die Berge versetzt. Es ist nicht ratsam, ihnen Paroli zu bieten.

Schütze-Hasen (23. 11. — 21. 12.) haben von allen Hasen den meisten Erfolg. Sie kommen auch leichter über Schicksalsschläge hinweg als ihre ängstlicheren Hasen-Brüder. Das Glück fällt ihnen meist in den Schoß.

Steinbock-Hasen (22. 12. — 20. 1.) ziehen ihren Freundeskreis ganz eng. Sie sind sehr arbeitsam und gründlich. Man muß ihnen viel Lob spenden, um sie bei guter Laune zu halten. Sie sind leicht gekränkt.

Wassermann-Hasen (21. 1. — 19. 2.) sind sehr egozentrisch, obwohl sie anderen gegenüber stets ein offenes Herz und eine offene Hand haben. Man sollte sie gewähren lassen, dann hat man in ihnen hilfsbereite Freunde.

Fische-Hasen (20. 2. — 20. 3.) suchen nach Gesellschaft. Man liebt sie, aber man neckt sie auch, und das mögen sie nicht leiden. Zum Erfolg muß man sie antreiben, denn sie haben nur wenig Durchsetzungsvermögen.

Die Partner des Hasen

Ratten machen nicht alles mit Gefühl. Und das stört den Hasen. Ratten müßten schon sehr in sich gehen, um den Hasen restlos zufrieden zu stellen.

Büffel werden sich mit dem Hasen gut vertragen. Für beide ist die Familie der sichere Hort, in den man sich zurückziehen kann, wenn es draußen zu sehr stürmt.

Tiger und Hasen entstammen verschiedenen Welten. Der eine ist kraftvoll, der andere sehr gemütvoll — Gegensätze, die sich aber auf Dauer immer weniger anziehen.

Hasen unter sich bekommen höchstens mal Streit ums liebe Geld. In ihrem gepflegten Heim aber gibt es viele Schmuseecken, in denen Hasen ihren Überschuß an Gefühl abreagieren können.

Drachen sind gar nicht so schlecht für den liebeshungrigen Hasen, der den Esprit des Drachen bewundert und sich an der Seite des Stärkeren sehr wohlfühlt.

Schlangen wickeln den Hasen mit sehr viel Liebe ein. Im Sex stehen beide auf einer Stufe. Ob das reicht, wird sich zeigen, wenn die Schlange auf Abwege schleicht.

Pferde sind sehr von sich überzeugt und fühlen sich Hasen gegenüber erhaben. Außerdem brauchen Pferde viel Auslauf, Hasen dagegen hocken lieber in ihrem Bau.

Ziegen vertragen sich mit dem Hasen am besten, weil sie genau so einfühlsam und häuslich sind. Auf die Dauer allerdings könnten sie sich anöden.

Affen bringen Leben ins Hasen-Haus. Und der Hase läßt sich's gefallen. Ihn heitert der Affe auf, und das braucht nun mal so ein gemütvoller Hase.

Hähne machen gern von sich reden und übersehen das Häslein, das sich an ihrer Seite kuscheln möchte. Sie müßten sich schon sehr ändern, um Liebkind bei dem Hasen zu werden.

Hunde brauchen ebensoviel Liebe wie Hasen. Das könnte den Ausschlag geben für eine haltbare Verbindung. Nur wenn der Hund kläfft, schmollt der Hase.

Schweine bringen den Hasen Glück. Wenn zwei so gleichgeartete Seelen zueinanderfinden, kann das für ein ganzes Leben in Frieden sein.

龍

Der geistvolle Drache

30. 1. 1892 — 16. 2. 1893
17. 2. 1904 — 4. 2. 1905
4. 2. 1916 — 23. 1. 1917
23. 1. 1928 — 10. 2. 1929
8. 2. 1940 — 26. 1. 1941
27. 1. 1952 — 14. 2. 1953
14. 2. 1964 — 2. 2. 1965
31. 1. 1976 — 17. 2. 1977

Um es gleich vorweg zu nehmen: Der Drache ist fabelhaft in des Wortes eigentlicher Bedeutung. Man spricht von ihm, man ist ihm zugetan, aber in Wirklichkeit kann man ihn nicht recht fassen. Er schwebt eine Etage höher als alle anderen. Manchmal in Wolkenkuckucksheim, der Sonne am nächsten.

Das Zeichen des Drachen bringt Glück, doch ach, wie so trügerisch ist dieses Glück. Die unter diesem Zeichen geborenen Menschen werden es merken. Es wird ihnen zwar nie so ganz schlecht gehen, aber oft sahen sie schon wie der strahlende Sieger aus, um in letzter Sekunde durch eigene Unachtsamkeit technisch knockout zu gehen.

Drachen sind geistvolle, hochbegabte und liebenswerte Menschen. Der Erfolg fliegt ihnen zu. Sie sind harte Arbeiter, haben Köpfchen und viel Erfindergeist. Man kann sie überall einsetzen. Sie werden den Laden umkrempeln, modernisieren, hochbringen. Aber sie werden sich nicht unterordnen. Drachen wollen für sich selbst stehen. Daß ihre Entscheidungen richtig sind, braucht man ihnen nicht zu sagen — ein Drache hat immer recht!

Die Mitmenschen werden es bestätigen: Der Drache ist ihnen über, sein Verstand ist ultrakurz geschaltet, die Wellenlänge stimmt. Das bringt die Drachen nach oben. Sie werden nicht lange im Großraumbüro schuften müssen, ein Chefzimmer steht schon für sie parat. Sie werden sich in den Parlamenten kaum als Hinterbänkler ruhig verhalten, sie wollen mitsprechen, wenn sie sich aufs politische Glatteis begeben haben.

Drachen haben den siebten Sinn für Geschäfte, glänzen aber auch auf künstlerischem Gebiet und in fast allen freien Berufen. Das gilt auch für Drachen-Frauen, die sich nicht erst

zu emanzipieren brauchen. Sie streben spielend in die beste Gesellschaft, und sei es durch eine reiche Heirat.
Geist, Tatkraft und eine gute Portion eiserner Wille sind die Attribute eines Drachen. Es ist aber nicht zu übersehen, daß diese auch gewisse Schwächen im Gefolge haben. Wer solche Eigenschaften hat, wird stets nach vorn schauen — aufs große, erstrebenswerte Ziel. Dazu braucht er jemanden neben sich, Gehilfen, Leute, die arbeiten, wenn er selbst denkt und lenkt. Diese werden ihn bewundern, aber auch beneiden. Und sie werden falsche Ratschläge geben, listig ein Ränkespiel treiben, das des Drachen hoher Intelligenzquotient nicht erfassen kann, weil es einfach nicht auf seiner Wellenlänge liegt. Daher kommen dann die Enttäuschungen.
Verschweigen wir auch nicht, daß Drachen sich oft selber schlagen, mit ihrem ungestümen Wesen, mit gar nicht böse gemeinten Worten, die übers Ziel hinausschießen. Das macht sie menschlich und holt sie ins Diesseitige zurück.
Drachen sind Siegernaturen in der Liebe. Nicht daß sie Sexprotze wären! Nein, man fliegt ihnen zu, weil sie das gewisse Etwas besitzen, das den Partner geheimnisvoll anzieht.
Drachen-Männer schnuppern gern an dieser und jener Blüte, knicken diese und jene Blumen, die sich gern in die Vase stellen lassen, um ihm, dem Einzigen, zu gefallen. Doch das, was Liebe schien, welkt schnell dahin. Der Drache ist nicht allzu treu und läßt ein arg gerupftes, geknicktes Etwas zurück. Am liebsten bliebe er Junggeselle, doch können listige Weibchen einen Riegel vor solch egoistisches Wollen schieben.
Auch die Drachen-Frau ist heiß begehrt. Die Männer ihrer Wahl werden sie kaum eifersüchtig finden — es stehen ja

genügend bei ihr an. Und wenn's der eine nicht ist, könnte es ein anderer sein, dem man seine huldvolle Gunst erweist. Drachen-Frauen umgibt noch mehr als Drachen-Männer das Flair süßer Geheimnisse. Enttäuschungen kennt die Drachen-Frau nicht, Liebeskummer noch weniger. Verflossenes wird als Affäre abgebucht — wie schön, daß man wieder einmal um eine Erfahrung reicher wurde.
Glauben Sie nun ja nicht, Drachen-Menschen seien oberflächlich. Für sie ist die Liebe eben nur das Rankwerk des Lebensgebäudes, das man sich selbst baut. Die Karriere geht vor, der Beruf ist die Hauptsache. Aber nach Feierabend ist Zeit zum Schmusen. Abschalten nennt man das. Verstehen Sie jetzt, warum viele Drachen der himmelhochjauchzenden, zu Tode betrübten Liebe nicht fähig sind?
Der Partner, den sich der Drache erwählt hat, müßte viel Verständnis aufbringen, viel Mutterwitz haben, den Geistesblitzen des Drachen folgen und mithalten können in Streitgesprächen. Aber er sollte auch ein wenig aufblicken zu dem Geheimnisvollen, aus der Legende entsprungenen Wesen, das ja gar nicht das feuerspeiende Ungetüm ist, zu dem es Menschen machten, das vielmehr auch ein Herz hat — irgendwo unter dem dicken Panzer, der es schützt, der aber auch Distanz halten läßt, drei Schritte vom Leib.

Wie erzieht man Drachen-Kinder?

Solange es in der Wiege vergnüglich kräht, ist es gut zu halten, das Drachen-Kind. Aber kaum hat es die ersten Sprachbrocken erlernt, kommen die bohrenden Fragen an die Eltern, an die Erzieher: weshalb, wieso, warum? Und dann merkt dies schlaue Kind, daß die Antworten oft neue Fragen offen lassen, daß es mit dem Vorbild, das die Großen zu sein vorgeben, gar nicht so weit her ist. So gerät das Drachen-Kind in Anti-Stellung gegen die Eltern, die Lehrer, den Lehrherrn. Es sucht eigene Wege, und man sollte sie ihm ohne große Worte ebnen. Man sollte ihm auch so viel Freiheit wie nur möglich lassen. Vernunftgründen gegenüber ist das Drachen-Kind aufgeschlossen, Befehle fordern nur seinen Trotz heraus.

Der Drache vom Widder bis zu den Fischen

Widder-Drachen (21. 3. — 20. 4.) stürmen schnurstracks auf das lockende Ziel zu, weshalb man gerade ihnen die meisten Hindernisse in den Weg stellt. Das läßt sie Umwege machen, zehrt aber auch an ihren Nerven.

Stier-Drachen (21. 4. — 20. 5.) sind am ehesten noch zu zähmen. Sie halten viel von Familie und eigenem Heim. Sie basteln gern und mit viel Geschick, und manchmal kommt dabei die große Erfindung heraus.

Zwillinge-Drachen (21. 5. — 21. 6.) lachen gern über sich und andere. Sie sind tolerant, aber nicht sehr zuverlässig. Sie können von heute auf morgen ihre Meinung ändern. Ihr bester Zug: sie sind gutmütig.

Krebs-Drachen (22. 6. — 22. 7.) überlegen viel, handeln mit

Bedacht und kommen trotzdem ans Ziel. Sie sind in sich gekehrt, aber dennoch aufgeschlossen für die Sorgen und Nöte ihrer Freunde, die ihren Rat brauchen.

Löwe-Drachen (23. 7. — 23. 8.) sind zum Herrschen geboren, und das lassen sie ihre Umgebung spüren. Sie sind die unabhängigsten unter den Drachen, oft aber auch — leider! — die unbeherrschtesten.

Jungfrau-Drachen (24. 8. — 23. 9.) führen um jeden Preis durch, was sie einmal als richtig erkannt haben. Sie halten sich nie lang bei der Theorie auf, ihr Metier ist die praktische Durchführung ihrer exakten Pläne.

Waage-Drachen (24. 9. — 23. 10.) werden sehr umworben, aber hinter ihren vielen Worten verbergen sie oft eine gewisse Unsicherheit. Als Künstler werden sie ihren Weg machen, als Chefs sind sie beliebt.

Skorpion-Drachen (24. 10. — 22. 11.) speien Feuer und halten ihre Umgebung in steter Unruhe. Wenn sie sich in etwas verbissen haben, kommen sie selten schnell davon los. Das trübt auch ihren Blick hin zum Ziel.

Schütze-Drachen (23. 11. — 21. 12.) erstreben des Lebens Schokoladenseite, auf die sie auch meistens fallen. Nebenbuhler räumen sie mit Gewalt aus dem Weg. Ansonsten aber sind sie umgänglich und liebenswert.

Steinbock-Drachen (22. 12. — 20. 1.) brauchen viel Liebe, aber es ist möglich, daß sie diese nicht danken, weil sie auf dem Weg zu Glück und Reichtum vergeßlich werden. Sie zögern und bedenken mehr als andere Drachen.

Wassermann-Drachen (21. 1. — 19. 2.) denken messerscharf. So leicht kann man ihnen kein X für ein U vormachen. Sie stellen sich schützend vor die Kleinen und legen sich mit den Großen an. So machen sie Karriere.

Fische-Drachen (20. 2. — 20.3.) setzen das verstandesmäßig Erarbeitete in die Tat um. Sie finden immer wieder Mäzene, die sie fördern. Glück ist für sie Mittel zum Zweck, auf der Lebensbahn weiterzukommen.

Die Partner des Drachen

Ratten sind leidenschaftliche Drachen-Partner. Sie erfinden immer neue Liebesspiele und können dem Drachen auch im außerintimen Bereich manche Stütze geben.
Büffel können noch sturer sein als Drachen. Hier liegt der Zündstoff für eine dauerhafte Bindung, obwohl der Drache des Büffels praktische Bedächtigkeit durchaus schätzt.
Tiger sind zupackend und temperamentvoll. Das mag der Drache. Er stachelt den Tiger sogar noch zu größeren Taten an. Wenn diese gelingen, war es des Drachen Werk.
Hasen haben nicht viel von dem, was einen Drachen auszeichnet. Aber sie können dem Drachen jenen Frieden schenken, nach dem er sich im hetzereichen Alltag sehnt.
Drachen unter sich werden eine auf gegenseitiger Achtung und geistvoller Zuneigung bestehende Gemeinschaft bilden. Nur treffen sich die beiden nicht so oft.
Schlangen können einen Drachen durch ihre elegante Art überzeugen. Schlange und Drache werden ein Leben im Wohlstand führen, weil jeder den anderen immer wieder zu neuen Taten antreibt.
Pferde sind mindestens so ungestüm wie Drachen, darum findet man in einer solchen Verbindung sehr viel Lebenserfolg. Manchmal hält sie allerdings nicht lang.

Ziegen werden nur selten Partner des feurigen Drachen, der sie meist am Wegesrand übersieht. Wenn sich beide aber gefunden haben, ergibt sich durchaus Dauerhaftes.
Affen könnten die besten Lebenspartner des Drachen sein, wenn sie sich bemühen würden, etwas ruhiger zu werden. Für beide ist Sex wichtiger Teil des Lebens.
Hähne sind stolz auf ihre Drachen, denen so etwas schmeichelt. Langeweile wird in einer solchen Verbindung kaum aufkommen, eher wird's zu turbulent.
Hunde beißen sich mit dem Drachen — zu unterschiedlich sind beider Veranlagung. Möglich, daß solche Gegensätze sich zunächst anziehen, aber ob das auf die Dauer genügt?
Schweine bewundern den Drachen besonders, weil er zupackend das Leben meistert. Schwein und Drache haben beide Freude an genußvollem Leben.

蛇

Die schlaue Schlange

17. 2. 1893 — 5. 2. 1894
5. 2. 1905 — 24. 1. 1906
24. 1. 1917 — 11. 2. 1918
11. 2. 1929 — 30. 1. 1930
27. 1. 1941 — 15. 2. 1942
15. 2. 1953 — 3. 2. 1954
3. 2. 1965 — 21. 1. 1966
18. 2. 1977 — 7. 2. 1978

Schlaue Schlangen gibt es wie Sand am Meer. Sie haben oft den sechsten Sinn und sagen manchmal gezielt voraus, was in den nächsten Stunden, Tagen oder Monaten geschehen könnte. Wen sie mögen, dem versprechen sie Gutes, wer ihnen zuwider ist, den verfolgen sie mit dem bösen Blick. Schon mancher Schlangen-Gegner stolperte vor dem Ziel, nur weil eine Schlange es ihm wünschte.

Um es hier gleich zu sagen: Schlangen sind nicht falsch, sie verführen auch nicht mehr wie einst Adam oder Eva zum Sündenfall. Sie sind nur schlau, was so viel heißen will wie trickreich und weise in einem. Wenn sie sich ein Ziel gesetzt haben, werden sie es erreichen, mit Klugheit, mit List und mit Hilfe von wohlgesonnenen Gönnern, die Schlangen an ihrem Busen nähren.

Man sieht schon: die Schlangen bringen es zu etwas im Leben. Sie sind nicht unbedingt die fleißigsten, aber vielleicht die hartnäckigsten, wenn es gilt, die Treppe zum Erfolg emporzusteigen. Meist geht alles glatt, denn schlaue Schlangen wissen, wo sie am meisten leisten können und wo man sich am wenigsten die Finger schmutzig macht.

Da sie es vorzüglich verstehen, sich auf jeden Menschen einzustellen, ihm mit Rat und Tat zur Seite zu stehen, eignen sie sich vor allem als Pädagogen und Hochschullehrer, als Psychologen und Psychiater. Sie sind auch vor Gericht als wortstarke Vertreter gegen jedwedes Unrecht zu finden, pauken aber manchmal auch jenen heraus, der vielleicht doch ein wenig Dreck am Stecken hat. Schlangen spielen gern und haben auch meist eine glückliche Hand. Sie versuchen, die Kugeln mit den Lottozahlen so in die Röhrchen zu zwingen, daß sie mit dem von ihnen ausgeschriebenen Zahlenkästchen übereinstimmen.

So findet man denn auch manche Glücksritter unter den Schlangen, manchen Star von Bühne, Film und Fernsehen, aber auch manchen Kartenschläger, Hellseher oder geschäftstüchtigen Astrologen, der die Sterne in seinem Sinn zurechtrückt.

Schlangen-Frauen machen überdies meist eine reiche Heirat, um das Existenzminimum zu sichern, das eine gutaussehende Dame nun einmal braucht. Denn schick und elegant wollen Schlangen-Frauen durchs Leben schreiten; sie wollen ihre Schönheit, ihre anmutigen Formen mit modischen Accessoires unterstreichen. Und sie wollen auf alle Männer wirken, nicht nur auf den eigenen Mann allein.

Damit ist schon gesagt, daß die in einem Schlangen-Jahr Geborenen mit der Liebe spielen können. Sie vereinnahmen den, der ihnen gefällt, als Eigentum. Wehe, sie hätten selbst Grund zur Eifersucht! Im umgekehrten Fall erwarten sie Großzügigkeit — wie kann man auch eine Schlange betrügen?! Im Laufe eines Schlangen-Lebens gibt es einigen Grund zu der Annahme, daß man es mit der Treue nicht gar so genau nimmt. Jedenfalls hält noch immer eine Schlange den Weltrekord im Seitenspringen!

Dabei sind die Schlangen ihrem ganzen Wesen nach eigentlich für die Ehe wie geschaffen. Sie sind die besten Familienväter, die verständigsten Mütter und Ehekameraden, wenn man großzügig darüber hinwegsieht, daß die im Zeichen Schlange Geborenen auch nur Menschen von Fleisch und Blut sind. Sie sind selbstkritisch genug, Fehler einzugestehen unter dem Motto: Welcher Mensch macht keinen Fehler? Nur bei anderen sind sie halt nicht ganz so einsichtig. Und das macht die Schlangen zu den schwierigen Geschöpfen auf Gottes weiter Erde. Trotz allem: Schlangen

muß man lieben. Und darum sehen auch glückliche Schlangenbesitzer über manche Unarten hinweg.
Schlangen reden nicht viel, aber ihr Temperament treibt sie oft in die falsche Richtung. Dann gehen sie hoch, verstehen alles falsch und hacken solange auf dem Gegenstand ihres Unmuts herum, bis dieser kleiner und kleiner wird und schließlich nicht mehr gesehen ward.
Das macht das Zusammenleben mit den Schlange-Geborenen für Stunden zur Qual, aber nur für Stunden! Schlangen vergessen schnell — besonders, wenn sie jemanden mögen. Sie helfen ihm, wo sie nur können. Nur mit dem Geld sind sie etwas knauserig; guter Rat tut's doch auch — oder?
Damit sind wir bei einem Kapitel angelangt, bei dem Schlangen keinen Spaß verstehen: bei den Finanzen und sicheren Werten. Schlangen sind nicht geizig, aber auch nicht so freigiebig, daß sie das letzte Geld vom eigenen Sparbuch abheben könnten, um anderen damit aus der Patsche zu helfen.
Vieles vom Besitz einer Schlange sind ererbte Werte, im Spiel Gewonnenes, oft auch Erspekuliertes. Man ist im Zeichen Schlange eben doch ein wenig aufs Glück angewiesen, das sich in einem langen Leben dann auch immer wieder mal einstellt, damit man das ach, so geliebte eigene Heim einrichten kann mit dem Luxus, den Schlangen brauchen, um glücklich zu sein.

Wie erzieht man Schlangen-Kinder?

Kleine Schlangen sind verspielte Wesen, die in der Schule oft ein wenig schlafen und nicht unbedingt einsehen wollen, daß Hausaufgaben nötig sind. Man muß sie ermutigen, ihnen beweisen, wie wichtig es ist, ernsthaft zu arbeiten, weil man dann auch etwas im späteren Leben werden kann. Die schlauen Schlangen-Kinder kommen schließlich von selbst darauf, daß es besser ist, sich auf den Hosenboden zu setzen und sich ranzuhalten. Manchmal ist es dann zu spät, und die Klasse wird wiederholt. Meist schlängeln sie sich aber durch als rechte Saisonarbeiter, die in drei Monaten spielend aufholen, was andere mühsam in einem Jahr erarbeiteten. So haben Schlangen-Kinder mehr Zeit fürs Spiel, für den Sport und kommen trotzdem weiter. Und wenn sie das Wörtchen „Pflicht“ erst einmal richtig begriffen haben, werden sie sich ernsthaft aufs große Ziel vorbereiten, „etwas Anständiges“ zu werden.

Die Schlange vom Widder bis zu den Fischen

Widder-Schlangen (21. 3. — 20. 4.) schlängeln sich nicht bedächtig durchs Leben, sie gehen ran und arbeiten mit viel Energie an der eigenen Karriere. Ihr heftiges Temperament spielt ihnen manchen Streich.
Stier-Schlangen (21. 4. — 20. 5.) bringen Unruhe ins Leben derer, die sie lieben. Ihr Temperament schlägt Purzelbäume.

Wo andere geduldig abwarten, schlagen sie mit Vehemenz zu. Und das bringt ihnen viel Erfolg.

Zwillinge-Schlangen (21. 5. — 21. 6.) denken messerscharf — an den eigenen Vorteil. Sie sind die großen Verführer unter den Schlangen. Stets unzufrieden mit dem Erfolg, wollen sie immer noch mehr erreichen.

Krebs-Schlangen (22. 6. — 22. 7.) möchten am liebsten als Rentner mit hoher Pension geboren sein. Da das nicht geht, lassen sie andere für sich arbeiten und kommen so selbst weiter. Sie sind verträglich und tolerant.

Löwe-Schlangen (23. 7. — 23. 8.) lassen sich nicht unterkriegen. Sie setzen alles durch, was sie einmal als richtig erkannt haben. Ihr scharfer Verstand bringt sie weiter als ihr handwerkliches Können.

Jungfrau-Schlangen (24. 8. — 23. 9.) sehen jedes verborgene Stäubchen. Sie sind pedantisch, obwohl sie Großes leisten könnten, wenn sie nicht gar so viel bedächten. Sie streben nach totaler Sicherheit.

Waage-Schlangen (24. 9. — 23. 10.) schlagen alle in ihren Bann. Nur hat man das Gefühl, sie meinten es nicht allzu ehrlich. Von allen Schlangen hoffen sie am meisten auf das Glück, denn Arbeit ist nicht ihre Stärke.

Skorpion-Schlangen (24. 10. — 22. 11.) üben oft an sich selbst die meiste Kritik, von daher kommen sie weiter, machen Karriere. Sie überzeugen durch Charme. Solche Schlangen muß man lieben!

Schütze-Schlangen (23. 11. — 21. 12.) lieben das Geld, aber auch ein schönes Zuhause. Sie können die Ellenbogen kräftig gebrauchen, wenn es gilt, einen Nebenbuhler aus dem Weg zu räumen. Trotzdem sind sie beliebt.

Steinbock-Schlangen (22. 12. — 20. 1.) verfolgen hartnäckig ihr Ziel. Haben sie es erreicht, gehen sie schon auf das nächste los. Klug berechnend sind sie auch in der Liebe: wen sie lieben, den besitzen sie!

Wassermann-Schlangen (21. 1. — 19. 2.) haben den sechsten Sinn. Aber ihr Blick in die Zukunft schlägt oft zu negativ aus. Sie haben skurrile Einfälle — im Beruf, aber auch in der Liebe.

Fische-Schlangen (20. 2. — 20. 3.) sind oft zu verspielt. Sie diskutieren gern. Wenn sie den Beruf nach ihren Wünschen planen können, werden sie viel im Leben erreichen. Sie machen alles mit Gefühl.

Die Partner der Schlange

Ratten geben der Schlange oft nach, und dann kann manches, was da zwischen den beiden unausgesprochen kocht und brodelt, besänftigt werden.

Büffel stecken mit ihrer ruhigen Art auch die Schlange an. Der Büffel wird die Schlange mit Macht zu besitzen suchen.

Tiger verdrehen der Schlange mit ihrer rasanten Art den Kopf. In Liebe und Sex sind beide auf einem Dampfer. Nur mögen es Tiger gar nicht, wenn ihre Schlange mit anderen flirtet.

Hasen sind nicht so ohne, wenn es gilt, eine Schlange zu erobern und in ihren wohnlichen Bau einzuquartieren. Leider schlängeln sich Schlangen da manchmal wieder hinaus.

Drachen lassen sich um den Finger wickeln, wenn man ihnen nur ein wenig entgegenkommt. Das gelingt der Schlange meist vorzüglich.

Schlangen unter sich machen sich das Leben schwerer, als es eigentlich ist. Beide schauen oft zur Seite, wo andere bei Schlangen Schlange stehen.

Pferde können ideale Partner für die Schlange sein, wenn sie ihr Temperament etwas zügeln und sich nicht der Schlange überlegen zeigen. Das mag sie nicht.

Ziegen stellen gewisse Ansprüche an das Leben, die eine Schlange nicht unbedingt erfüllen kann. Man müßte etwas auf die hohe Kante legen, um miteinander glücklich zu werden.

Affen sorgen dafür, daß das Leben von der leichten Seite genommen wird. Das machen Schlangen gerne mit, sie sind aber möglicherweise am Ende die Hereingefallenen.

Hähne sind im Sex den Schlangen ebenbürtig. Das reicht oft für ein Leben zu zweit, jedoch sind außereheliche Eskapaden durchaus möglich.

Hunde wollen treu sein, erwarten aber auch von ihrem Partner bedingungslose Treue. Ob da die Schlange mitziehen kann, wird sich erst noch erweisen müssen.

Schweine können an der Seite der Schlange manches erreichen, von dem sie bisher nur träumten. Der Honigmond dauert jedoch nicht sehr lange zwischen zwei so gegensätzlichen Typen.

馬

Das ungeduldige Pferd

6. 2. 1894 — 25. 1. 1895
25. 1. 1906 — 13. 2. 1907
12. 2. 1918 — 31. 1. 1919
31. 1. 1930 — 17. 2. 1931
16. 2. 1942 — 4. 2. 1943
4. 2. 1954 — 23. 1. 1955
22. 1. 1966 — 8. 2. 1967
8. 2. 1978 — 27. 1. 1979

Geduld ist nicht der Pferde Stärke. Sie wollen ungestüm nach vorn galoppieren und — nicht nach rechts und nach links schauend — die Hindernisse stürmend nehmen. Leichter Trab ist nur etwas für müde alte Ackergäule.

Im Jahr des Pferdes geborene Menschen haben das Herz auf dem rechten Fleck. Sie sind humorvoll, den schönen Künsten aufgeschlossen und vielseitig begabt. Sie reden gern, man hört ihnen aber auch gern zu, selbst wenn nicht alles der Weisheit letzter Schluß ist, was sie da so von sich geben.

Der Pferde beredtes Wesen macht sie fürs Parlament reif. Doch auch mancher Straßenverkäufer, der Billigware in schmückenden Worten anpreist, wurde im Zeichen des Pferdes geboren.

Manche Pferde sind lärmend laut. Sie wollen auf sich aufmerksam machen, damit man sie als die besten der Herde heraussucht und ihnen den Stall gibt, der ihnen zukommt: hochherrschaftlich und mit viel Futter.

Pferde lieben die Freiheit über alles, und es ist möglich, daß dieses Streben von ihren Zeitgenossen als Egoismus ausgelegt wird. Tatsächlich finden sie sich am besten in Berufen zurecht, in denen sie auf sich gestellt sind, als Arzt oder freischaffender Künstler, Forscher oder Mondfahrer, Entwicklungshelfer oder Facharbeiter, Finanzfachmann oder — wir sagten es schon — als Politiker.

Pferde-Frauen haben dieselben Ambitionen. Sie wissen sich mit weiblicher Schläue in Szene zu setzen und helfen mit Puder und Schminke nach, wo Natur zu blaß wirkt.

Der Pferde Rennbahnen sind Partys, Empfänge und Gala-Diners. In Gesellschaft fühlen sich Pferde wohl, hier können sie sich in den Vordergrund spielen. Es treibt sie immer wieder hinaus aus den eigenen vier Wänden in die freie Wild-

bahn, wo sie jagen und rennen können nach den lockenden Zielen. Ist mal ein Hindernis zu hoch, verweigern sie es und machen kurz vor dem Ziel halt — es gibt ja auch noch andere Ziele, warum muß es gerade dieses eine sein?
Kein anderer Mensch ist so selbstbewußt wie der im Zeichen Pferd geborene, keiner so abenteuer- und reiselustig. Er liebt das Neue, das Unbekannte, und wenn er auch Gefahr wittert, stürzt er sich trotzdem hinein ins große Wagnis. Irgendwie wird man schon durchkommen, man ist ja schneller als alle anderen!
Ein Pferd will stets gestriegelt sein. Mit anderen Worten: Man geht mit der Mode, kreiert sie sogar. Selbst in verwaschenen Jeans sieht eine Pferde-Dame noch schick aus, das macht ihr Figürchen, die Haltung, das Talent, aus allem etwas zu machen.
Auch in der Liebe gehen Pferde aufs Ganze. Haben sie einmal Feuer gefangen, wird es bald zur flammenden Lohe. Dann vergessen sie alles um sich herum, manchmal sogar die eigene Karriere. Liebe ist für viele Pferde die Leidenschaft, die Leiden schafft.
In der Ehe sind Pferde stets der dominierende Teil. Wehe, der Partner erweist ihnen nicht die genügende Reverenz! Man muß für sie da sein, wenn sie müde vom Gala-Empfang nach Hause kommen, man muß für sie zittern, wenn sie sich tollkühn ins große Wagnis stürzen.

Manchmal ist das Pferd jedoch nicht für den Partner da. Das liegt an seiner Nachtseele, in der auch Unzuverlässigkeit verzeichnet ist und Taktlosigkeit. Pferde lachen gern und machen ihre Späße, die aber immer nur andere zum Ziel haben; man selbst ist ein Kräutchen Rührmichnichtan. Leicht

schnappen sie ein. Dann sind sie übelgelaunt und lassen es die Umwelt deutlich spüren.
Zum Geld haben Pferde eine gesunde Einstellung; sie lassen den Rubel rollen. Meist bleibt eine tüchtige Portion davon hängen, die sie geschickt anzulegen wissen. So kommen sie mit den Jahren zu Wohlstand und Ansehen, und das trägt ihrem Geltungsbedürfnis Rechnung.
Pferde sind großzügig, sie können viel verschenken an den, den sie mögen. Wer ihnen zuwider ist, kann von ihnen kaum etwas erwarten — außer vielleicht kalten Hohn und beleidigende Worte.
Man sollte sich hüten, sich mit Pferden anzulegen. Ihr Wortschatz ist zu reich, als daß sie nicht letztendlich triumphieren würden. Nur wenn sie in Wut geraten, zeigen sie Blößen, dann können sie in ihrer Argumentation zu weit gehen und vor den Kadi zitiert werden, wegen Beleidigung oder Nötigung.
Läßt man den Pferden Auslauf und Freiheit, werden sie das dankbar quittieren mit guter Freundschaft und hilfsbereiter Anhänglichkeit. Man kann das sogar bis zu einem gewissen Grad ausnutzen.
Pferde sollten lernen, Geduld zu üben und nicht gar so ungestüm die Mitmenschen mit den eigenen Problemen zu konfrontieren. Sie sollten sich nie blindlings in ein Abenteuer stürzen und die Welt erobern wollen. Und sie sollten auch mal andere zu Wort kommen lassen.
Besonders erfolgreich sind alle, die im Jahr des Feuerpferdes geboren wurden (1906, 1966). Bei ihnen treten aber oft auch die beschriebenen negativen Seiten besonders kraß zutage.

Wie erzieht man Pferde-Kinder?

Pferde-Kinder klettern gern auf Bäume, versuchen, die Natur zu entdecken, und reißen auch hier und da mal von zu Hause aus, wenn sie sich falsch behandelt fühlen. Dabei sind sie eigentlich gar nicht so schwer erziehbar, wie das den Anschein haben könnte. Man muß sie nur nehmen wie sie sind, ihr jugendliches Ungestüm, ihre Ungeduld als Naturereignis begreifen. In der Schule schadet es nichts, wenn man sie hart anpackt, das nehmen sie als Vorbereitung auf den Lebenskampf hin. Im Elternhaus sind sie oft Liebkind, weil sie fröhlicher sind als ihre Geschwister. Man sollte sie aber nicht zu sehr verwöhnen.

Das Pferd vom Widder bis zu den Fischen

Widder-Pferde (21. 3. — 20. 4.) lieben das eigene Ich über alles, schließen darin aber auch den ein, der ihnen besonders nahesteht. Sie sind unermüdliche Kämpfer und wollen ihren Weg um jeden Preis machen, was Gefahren birgt.
Stier-Pferde (21. 4. — 20. 5.) sind Finanzgenies. Ihre Abenteuerlust hält sich in Grenzen, ihr Temperament ist gezügelt. Nur hier und da brechen sie aus, aber dann gleich so, daß alle Fetzen fliegen.
Zwillinge-Pferde (21. 5. — 21. 6.) scheuen manchmal vor den Hindernissen, die man vor ihnen aufbaut. Aber sie beginnen stets von neuem und setzen sich durch — zur Not auf Kosten anderer. Sie sind etwas wankelmütig.
Krebs-Pferde (22. 6. — 22. 7.) muß man lieben. Sie haben

mehr Gefühl als andere Pferde, sind auch nicht so polternd in ihrer Art. Sie haben Sinn für feste Werte und bringen es meist zu einigem Wohlstand.

Löwe-Pferde (23. 7. — 23. 8.) fahren aus der Haut, wenn man nicht vor ihnen kuscht. Sie lieben den Kampf und werden als Sieger hervorgehen, koste es, was es wolle. Das Zusammenleben mit ihnen ist nicht leicht.

Jungfrau-Pferden (24. 8. — 23. 9.) liegt die Mathematik, sie rechnen sicher den eigenen Erfolg aus. Sie sind beliebt, auch wenn sie hier und da jene hereinlegen, die glaubten, ihre besten Freunde zu sein.

Waage-Pferde (24. 9. — 23. 10.) sind charmant und — wie es scheint — einfühlsam, aber sie setzen immer ihren Kopf durch. Ihre Abenteuerlust beschränkt sich oft nur aufs Erobern des anderen Geschlechts.

Skorpion-Pferde (24. 10. — 22. 11.) können in der Liebe blindlings ins Verderben rennen. Im Beruf macht ihnen keiner etwas vor. Haben sie einmal etwas als richtig erkannt, gehen sie nie und nimmermehr davon ab.

Schütze-Pferde (23. 11. — 21. 12.) sind hartnäckig in der Verfolgung eines Zieles. Niemand wird sie aufhalten, zumal sie im allgemeinen fleißiger sind als ihre Konkurrenten und meist auch früher aufstehen als diese.

Steinbock-Pferde (22. 12. — 20. 1.) lassen sich meist noch zusätzliche Hindernisse aufbauen, um zu beweisen, wieviel sie leisten können. Stürze lassen sich da nicht vermeiden, aber man lernt ja aus eigenen Fehlern.

Wassermann-Pferde (21. 1. — 19. 2.) sind Stürmer und Dränger, die auf der Rennbahn des Lebens glänzend zurechtkommen. Sie verscherzen sich nur manchmal die Sympathien durch allzu großen Egoismus.

Fische-Pferde (20. 2. — 20. 3.) träumen von den Abenteuern, die andere Pferde erleben. Bevor sie etwas beginnen, durchdenken sie alles genau. Das hat seine Vorteile, verlangsamt aber den geraden Weg zum Erfolg.

Die Partner des Pferdes

Ratten finden kaum zu den Pferden. Dabei könnten beide voneinander lernen: das Pferd von der Ratte, wie man charmant durchs Leben zieht, die Ratte vom Pferd, wie man das Leben genießt.

Büffel sind ebenso genußsüchtig wie Pferde. Das genügt jedoch nicht, die Temperamente anzugleichen — die langsame Stetigkeit des Büffels und die Wildheit des Pferdes.

Tiger und Pferd — das verspricht eine feurige Partnerschaft. Zusammen können die beiden Karriere machen oder untergehen, weil sie zuviel wagen.

Hasen finden das Pferd zunächst anziehend und erheiternd, bis sie die Arroganz spüren, mit der das Pferd auf kleine Hasen herunterschaut.

Drachen lassen das Pferd so lange gewähren, bis es ihnen mit seinem Egoismus auf den Wecker geht. Trotzdem ist diese Partnerschaft erfolgreich, solange sie hält.

Schlangen schlängeln sich von selbst ins Herz des Pferdes. Aber sie nisten nur so lange darin, wie es dem Pferd gelingt, Gleichberechtigung zu üben.

Pferde unter sich machen alles im Galopp. Und man kann mit Fug und Recht behaupten, daß bei den meisten Pferde-Kopplungen alles in Ordnung ging.

Ziegen haben denselben Sinn für Romantik wie das Pferd. Sie scheinen uneigennützig dem Pferd immer zu Willen zu sein. Aber das scheint eben nur so.

Affen führen mit dem Pferd ein flottes Leben. Man liebt sich, man neckt sich und bleibt nach Möglichkeit oberflächlich. Eine nicht sehr ernsthafte Bindung.

Hähne haben das Pferd gesucht und gefunden und ziehen mit ihm durch die weite Welt, denn seßhaft sind beide nicht allzu sehr. Langeweile gibt's hier kaum, aber manchen Streit.

Hunde sind Gönner — das Pferd wird sich bei ihnen wohlfühlen. Es darf sogar mal den Sprung aus dem tristen Alltag wagen, der Hund wird's verstehen und treu bleiben.

Schweine lieben die Bequemlichkeit, Pferde des Lebens aufregendste Seiten. Da paßt nicht viel zusammen — wenn nicht die Liebe wäre, die beide trotz aller Gegensätzlichkeiten füreinander empfinden.

羊

Die artige Ziege

26. 1. 1895 — 13. 2. 1896
14. 2. 1907 — 1. 2. 1908
1. 2. 1919 — 20. 1. 1920
18. 2. 1931 — 6. 2. 1932
5. 2. 1943 — 25. 1. 1944
24. 1. 1955 — 11. 2. 1956
9. 2. 1967 — 29. 1. 1968
28. 1. 1979 — 15. 2. 1980

Ziegen geben sich nach außen hin artig und liebenswürdig. Solange es ihnen gut geht, sind sie fröhlich und unbekümmert. Man muß sie aber hegen und pflegen, sonst könnte jener unglückselige Hang durchbrechen, der in der Nachtseele einer jeden Ziege nistet: Sie meckert so gern, kritisiert und mäkelt und ist mit nichts zufrieden.

Bei vielen Ziegen bleibt dieser Hang ein Leben lang verkapselt. Dann sind sie die besten Partner, die goldigsten Ehegesponse, die anhänglichsten Mitarbeiter. Beweis für viele daher, wenn der Ziege Nachtseele zutage tritt, daß man sie nicht richtig behandelt hat, daß sie Grund hat, unzufrieden zu sein. Wie gesagt: man muß sie hegen und pflegen und ihr immer zur rechten Zeit das richtige Futter geben.

Chefs von Ziegen wissen, was diese leisten, daß sie die Seele des Geschäfts sein könnten, ließe man sie nur in Ruhe schaffen und wirken. Ziegen haben viel Durchstehvermögen, sie führen aus, was andere planen. Da gibt es nichts auszusetzen. Nur in der Verfolgung der eigenen Karriere bleiben sie meist stecken, weil sie sich manchmal zu wenig zutrauen und an dem Posten hängen, den man ihnen gegeben hat.

Ziegen werden darum nur in Ausnahmefällen Chefs. Am besten, sie suchen sich eine Stelle auf dem Lande oder bei den staatlichen Forsten. Als Beamte entwickeln sie viel Sitzfleisch, als Handwerker sind sie zuverlässig. Sie sitzen in Ingenieur- und Planungsbüros und überall dort, wo man Mitarbeiter braucht, die logisch denken und danach handeln können.

Ziegen sind künstlerisch begabt und neigen zur Schriftstellerei, wobei sie sich manches von der Seele schreiben können. Sie sind aber auch dort zu Hause, wo manche sie nicht gern sehen: als Hausfreund oder beste Freundin.

Schlechtester Zug der Ziegen ist, daß sie sich nur schwer entscheiden können. Sie zögern oft lang, und manchmal ist dann der Zug abgefahren, die Ziege bleibt allein auf dem Bahnsteig zurück.

So ist das auch in der Liebe. Ziegen sind sehr anschmiegsam, wenn sie einmal den gefunden zu haben glauben, den sie lieben könnten — ganz genau wissen Ziegen nämlich zunächst nichts! Sie versuchen es mit dem Geangelten, aber wenn sie feststellen, daß er ein müder Fisch ist, der sich nur in trüben Tümpeln wohlfühlt, nehmen sie ihn schnell vom Haken und werfen ihn dort hinein, wo er herkommt.

Finden Ziegen aber das gepflegte Heim, nach dem sie sich von früh auf sehnten, werden sie aufblühen. Ein bißchen Garten sollte dabei sein oder ein großer Wald in der Nähe. Ziegen brauchen Auslauf ins Grüne — die ewig junge Natur ist ihr Element.

Ziegen helfen gern, und ihr Rat ist geschätzt in allen Lebenslagen. Sie hängen nicht am Geld, aber sie wissen es zu schätzen, wenn es ihnen nur ein wenig Wohlstand sichert, ein Nest, in dem sie sich wohlfühlen, ihre Familie ein wenig verwöhnen können.

Ziegen-Frauen sind die besten Hausfrauen und Mütter. Man kann ihnen das Bankkonto anvertrauen, sie werden die Haushaltskasse genauestens führen. Und sie werden ihrem Mann ein Schmuckkästchen als eigenes Heim bieten.

Hierin stimmen Ziegen-Männer und Ziegen-Frauen überein: sie können sich oft verlieben, aber ihr Herz können sie eigentlich nur einmal verlieren — zu stark ist der Panzer, mit dem sie es umgeben. Es muß schon jemand Besonderes sein, der ihn durchbricht! Was der Herzenspartner der Ziegen braucht, ist viel Einfühlungsgabe. Ziegen sind leicht

verletzbar, man muß sie in Watte packen, ihre Launen übersehen, ihre mangelhafte Entschlußkraft durch eigene schnelle Entschlüsse aufheben.
Ziegen lieben das eigene Heim, aber sie sind nie ganz zufrieden. Mit anderen nicht, aber auch nicht mit sich selbst. Sie sind von einem Augenblick auf den anderen in verschiedener Stimmung. Sind sie daheim, machen sie plötzlich dem Partner Vorwürfe, man käme ja überhaupt nicht mehr raus, nicht zum Tanzen, nicht ins Theater, nicht an den Stammtisch. Führt er sie aus, dann können sie ihm sagen, daß es zwar ganz schön sei, mal aus dem Hause zu kommen, aber daheim sei eben daheim.
Ihr Leben lang bleiben Ziegen Pessimisten, ihr Optimismus beschränkt sich auf vage Hoffnungen, auf den Lotto-Gewinn, auf ein noch schöneres Heim, als man es schon besitzt, auf viele Wenn und Aber.
Mut sollte man den Ziegen machen, Mut zu schnellerem Handeln, dann könnten sie sehr viel mehr erreichen. Ziegen sollten lernen, das Leben so zu nehmen, wie es wirklich ist, und nicht Träumen nachzuhängen, wie es sein könnte. Sie sollten weniger verschlossen sein, sondern ihr Herz auch mal auf den Präsentierteller legen. Aber das hieße wohl, gegen die eigene Natur zu handeln.

Wie erzieht man Ziegen-Kinder?

Man muß Ziegen-Kinder von früh an zu neuen Taten ermuntern, dann schnurren sie ihr Pensum ab — in der Schule, daheim und beim Spiel. Sie sind fleißig und bringen auch gute Zeugnisse mit nach Hause. Ziegen-Kinder haben nur wenige feste Freunde, die sie mit Bedacht auswählen, aber es kann sein, daß sie trotzdem an die falschen geraten, deren bösen Einflüsterungen sie erliegen. Das beste an den Ziegen-Kleinen ist, daß sie sehr an ihrer Familie hängen, manchmal zu sehr an Mutters Rockzipfel. Das ändert sich erst im Teenager-Alter, aber so ganz legen sie den unsichtbaren Schild nie ab, auf dem geschrieben steht: „Mamas Liebling“.

Die Ziege vom Widder bis zu den Fischen

Widder-Ziegen (21. 3. — 20. 4.) sind rechte Gewitterziegen. Es blitzt und donnert bei ihnen, und bei den anderen schlägt's ein. Dabei können sie manchmal so liebenswürdig und nett sein und sind dann auch erfolgreich.
Stier-Ziegen (21. 4. — 20. 5.) legen sich gern auf die faule Haut und sonnen sich angesichts vollbrachter Leistungen. Als anhängliche Partner werden sie geschätzt. Sie brauchen jemanden, der ihnen Mut macht.
Zwillinge-Ziegen (21. 5. — 21. 6.) lachen gern und finden manches lächerlich. Sie haben viele Freunde, die sie mög-

licherweise nach Kräften ausnützen. Sie verschenken viel, heimsen aber noch mehr ein.

Krebs-Ziegen (22. 6. — 22. 7.) hängen zu oft trüben Gedanken nach. Der kleinste Vorwurf kann sie umwerfen, weil sie alles zu persönlich nehmen. Trotzdem die besten Ziegen, hilfsbereit, liebenswert und treu.

Löwe-Ziegen (23. 7. — 23. 8.) sollte man nicht necken. Ihr egozentrisches Wesen ist oft nur gespielt. Sie sind von allen Ziegen die erfolgreichsten, weil sie nur ein Ziel haben, und das weist nach oben!

Jungfrau-Ziegen (24. 8. — 23. 9.) lassen sich so leicht nichts vormachen. Sie neigen zur Melancholie, wenn's mal nicht so klappt, wie sie es gern hätten. Werden sie enttäuscht, ziehen sie sich schmollend zurück.

Waage-Ziegen (24. 9. — 23. 10.) sind rechte Genießer. Ihr Gerechtigkeitssinn läßt sie manchmal über das Ziel hinausschießen. Sie finden immer jemanden, den sie lieben — oft auch gleich zwei auf einmal . . .

Skorpion-Ziegen (24. 10. — 22. 11.) wissen um die Wirkung, die sie auf andere ausüben. Man sollte sie nicht enttäuschen, denn die Skorpion-Ziege vergißt nichts. Da kann leicht aus Liebe Haß werden.

Schütze-Ziegen (23. 11. — 21. 12.) sollten sich schnell an jemanden binden, der ihnen Mut macht. Ein zuverlässiger Partner kann ihnen den Rücken stärken und sie Stufe um Stufe auf der Erfolgsleiter steigen lassen.

Steinbock-Ziegen (22. 12. — 20. 1.) setzen sich besser durch als andere Ziegen. Sie bringen es darum auch meist weiter. Wenn das eigene Können nicht ausreicht, hilft den Steinbock-Ziegen meist ihre rege Phantasie.

Wassermann-Ziegen (21. 1. — 19. 2.) haben hochherrschaftliche Launen, obwohl sie besonders liebenswürdig sind und tiefen Eindruck auf die Mitmenschen machen können. Sie haben viele Geheimnisse.

Fische-Ziegen (20. 2. — 20. 3.) sind Künstler-Typen mit allen Vor- und Nachteilen. Himmelhochjauchzend spinnen sie großartige Pläne, um zu Tode betrübt festzustellen, daß die Praxis ganz anders aussieht.

Die Partner der Ziege

Ratten wirken auf die Ziege manchmal etwas abstoßend, und wenn sie noch so von ihnen umworben wird. In der Ratte-Ziege-Verbindung kriselt es stets ein wenig.

Büffel wollen immer mit dem Kopf durch die Wand. Das schreckt die Ziege. Sie wiederum bekommt Launen, die den Büffel möglicherweise aus dem Hause jagen.

Tiger sind Antipoden der Ziegen. Da ist aber auch fast gar nichts gemeinsam. Tiger müßten schon viel Gefühl aufbringen, um die Ziege auf Dauer zu behalten.

Hasen haben die gleiche Wellenlänge wie die ebenso häusliche Ziege. Man redet sich gut zu, macht Pläne und führt sogar manchen davon erfolgreich aus.

Drachen lieben Ziegen sehr, wenn sie — was selten ist — einmal an eine geraten. Das machen die vielen Gegensätze! An des Drachen Seite kann die Ziege zu etwas kommen.

Schlangen werden die Führung übernehmen müssen, um die zaudernde Ziege gewissermaßen zum Glück zu zwingen. Hat man etwas erreicht, kann es eine gute Verbindung sein.

Pferde könnten die idealen Partner der Ziegen sein. Was der Ziege an Durchsetzungskraft fehlt, hat das Pferd zur Genüge, dazu romantische Gefühle.

Ziegen unter sich meckern sich manchmal gegenseitig an. Trotzdem verstehen sie sich prächtig. Über den kleinen Streitereien vergessen sie die Probleme im Alltagsleben.

Affen bringen Leben in die Bude, die von der Ziege mit Pfiff in einen hochherrschaftlichen Salon verwandelt wird. Leider geht in dieser Verbindung oft das Geld aus.

Hähne sind auf die charmanten Ziegen stolz, wenn sie sie erobert haben. Dann aber setzt der Kampf um die Führung ein, und dem Hahn schwillt wieder einmal der Kamm.

Hunde sind der Ziege treue Paladine. Mehr nicht, aber auch nicht weniger. Sie sind oft zu direkt, und das kann die feinnervige Ziege verletzen.

Schweine finden beinahe die totale Übereinstimmung mit der Ziege. Das ist vielleicht die Liebe auf den ersten Blick, man braucht nicht lang zu suchen, um sich zu finden.

猴

Der wendige Affe

29. 1. 1884 — 14. 2. 1885
14. 2. 1896 — 1. 2. 1897
2. 2. 1908 — 21. 1. 1909
21. 1. 1920 — 7. 2. 1921
7. 2. 1932 — 25. 1. 1933
26. 1. 1944 — 12. 2. 1945
12. 2. 1956 — 30. 1. 1957
30. 1. 1968 — 16. 2. 1969

Es gibt niemanden, der so viele Ideen hat wie der wendige Affe. Aber in seinem bewegten Leben bleibt ihm meist nicht die Zeit, alle auszuführen oder sich auch nur auf einzelne zu konzentrieren. Denn er ist sprunghaft und hält sich nie lange irgendwo auf.

Man mag allenthalben der Affen gesellige Art. Sie sind die besten Witzeerzähler, die fröhlichsten Partygänger, jederzeit zu helfen bereit. Aber hinter diesem so freundlichen Wesen stecken in Wirklichkeit oft rechte Menschenverächter, die nur sich lieben und sich jedem überlegen fühlen, auch wenn sie es gar nicht sind.

Affen sind gescheit, man macht ihnen so leicht nichts vor. Sie wissen viel und sind belesen. Man sollte sich nicht in Streitgespräche mit ihnen einlassen — Affen werden gewinnen, weil sie nur dann streiten, wenn sie sich ihres Sieges gewiß sind.

Ihnen ist jedes Mittel recht, wenn nur ein Vorteil für sie selbst dabei herausschaut. Darum flunkern sie auch manchmal, wenn ihnen das eigene Wissen nicht mehr weiterhilft. Und wenn alle Stricke reißen, setzen sie auch mal faustdicke Lügen in die Welt.

Affen nehmen's nicht so genau. Mancher hält sie für verschlagen, aber wenn er den Beweis antreten sollte für eine solche Behauptung, würde er ins Fettnäpfchen treten: Affen kann man nichts beweisen, sie reden sich heraus, und der Kläger ist schließlich der Dumme.

Die Berufswahl wird Affen nie schwerfallen. Man findet sie überall dort, wo Überzeugungskraft nötig ist — als Verkäufer, Einzelhändler oder Zeitschriftenwerber. Als Politiker und Staatsmänner machen sie Geschichte, als Hochstapler und Heiratsschwindler Geschichten. In allen geistigen Berufen fühlen sie sich wohl und auf den Brettern, die die Welt bedeuten, wissen sie ebenso zu überzeugen.

Chefs schätzen weibliche wie männliche Affen als wahre Meister der Improvisation, als Leute, aus denen die Ideen nur so hervorsprudeln, die sich allerdings nie lange auf einem Gebiet oder an einem Platz wohlfühlen.

Durch Stellungswechsel sammeln sie Erfahrungen, die sie irgendwann einmal in ein eigenes Geschäft stecken werden, das sie über Schulden groß anlegen werden, manchmal eine Nummer zu groß. Und dann macht der Affe pleite.

Schönster Zug an den Affen: sie verzagen nie. Immer wieder fallen sie auf die Beine und strampeln sich allmählich wieder hoch. Rückschläge kann niemand schneller verkraften als der wendige Affe.

Affen sind selten familiär, und man könnte daraus schließen, daß sie in der Liebe nie das rechte Glück haben. Dem ist aber nicht so. Ihre quecksilbrige Art macht sie überall beliebt, und das andere Geschlecht fällt todsicher darauf herein. Man führt ein lustiges Leben mit den Affen, aber alles plätschert ein wenig an der Oberfläche dahin.

Feste Bindungen möchte der Affe nicht unbedingt schnell eingehen, ihm ist ein unverbindlicher Flirt lieber als eine himmelhochjauchzende erste Liebe. Affen-Mann wie Affen-Frau drücken sich gern vor der Verantwortung, die eine Ehe nun einmal mit sich bringt.

Treue ist nicht die starke Seite der Affen. Sie springen lieber von Baum zu Baum und holen sich dort, wonach sie begehren. Gar so schlimm sind die Affen jedoch nicht. Man kann sie mit der Zeit sogar daran gewöhnen, treu zu sein. Aber das bedarf eines langen Umdenkprozesses, an dessen Ende der Affe in einem unsichtbaren Käfig gefangen scheint.

Man sollte ihm die Meinung lassen, er habe ihn sich selbst gebaut.
Affen-Väter und Affen-Mütter sind nicht gerade die fürsorglichsten. Trotzdem werden sie es den Kindern an nichts fehlen lassen. Kinder von in einem Affenjahr Geborenen werden freier erzogen als andere Kinder, und sie werden auch schneller flügge.
Affen verlieben sich oft, aber ihre Leidenschaft hält nie lange vor. So, wie sie im Beruf häufig wechseln, ist es auch in Sachen Sex. Man ist entflammt, glüht eine Zeitlang, und schließlich bleibt die Asche übrig. Verständlich, wenn Scheidungsrichter mit Affe-Geborenen viel zu tun haben.
Affen sind nur gute Freunde, solange sie selbst von dem Wert der Freundschaft überzeugt sind. Sie zeigen sich ihrer Umwelt als lustige, jederzeit zu Späßen aufgelegte Mitmenschen. Aber sie verbergen hinter ihrer Fröhlichkeit meist das eigene Ich, das nur sich selbst kennt.
Man sollte nicht unbedingt alles, was Affen tun und sagen, ernst nehmen, sondern die Oberfläche erkennen, die vom Innersten ablenkt. Man setze keine moralischen Grundsätze, wenn man einem Affen zugetan ist, sondern mache sein Spiel mit. Das könnte ihn verwirren und dahin bringen, wohin man ihn haben will: nicht unbedingt auf den Pfad ewiger Tugend, aber doch zu angenehmer Partnerschaft.
Und man sollte mit dem Affen optimistisch sein, das Leben bis zur Neige kosten. Denn Affen lieben das Leben. Warum nicht auch ein fröhliches Dasein zu zweit?

Wie erzieht man Affen-Kinder?

Affen-Kinder brauchen mehr Liebe, aber auch mehr Aufmerksamkeit als andere Kinder. Sie müssen von frühester Jugend daran gewöhnt werden, daß es noch etwas anderes gibt als das eigene Ich. In der Schule sind sie entweder die Besten oder sie faulenzen in den Tag hinein. Mittendrin ist bei ihnen Schaltpause. Affen-Kinder sind intelligent. Was sie nicht wissen, ersetzen sie durch geschicktes Improvisieren. Ihre Spielkameraden lieben sie wegen der Faxen und mannigfachen Streiche, die sie anstellen, ohne dabei geschnappt zu werden. Die Nestwärme des Elternhauses behagt ihnen nur solange, bis sie ein berufliches Ziel vor Augen haben. Dann sollte man sie ziehen lassen; Affen lieben die Freiheit über alles und wollen sich austoben, ohne lästige Bindungen.

Der Affe vom Widder bis zu den Fischen

Widder-Affen (21. 3. — 20. 4.) lärmen gern und versuchen so, ihre Umwelt einzuschüchtern. Sie beginnen viel, sind aber nicht sehr ausdauernd. Nach häufigen Positionswechseln sind sie meistens oben angelangt.

Stier-Affen (21. 4. — 20. 5.) haben den sechsten Sinn für Geld und feste Werte. Bei ihnen ist mehr Zuverlässigkeit zu erkennen als bei anderen Affen. Sie tun viel mit Gefühl. Das macht sie liebenswert.

Zwillinge-Affen (21. 5. — 21. 6.) wissen sich in Szene zu setzen. Sie wechseln oft die Arbeitsstelle, den Partner, die

Meinung. Ihr wahres, unruhiges Ich verstecken sie hinter meist übersprudelnder Fröhlichkeit.

Krebs-Affen (22. 6. — 22. 7.) finden viele Freunde, weil sie Herz zeigen und beweisen. Nur in ihrer Nachtseele kocht es manchmal; dann Vorsicht vor diesen so gutartig erscheinenden Affen und ihrer egoistischen Zielstrebigkeit!

Löwe-Affen (23. 7. — 23. 8.) stürzen sich in jedes Abenteuer und scheuen vor nichts zurück. Ihre Liebe ist besitzergreifend, ihr Streben nach Ruhm und Ansehen walzt alles nieder, was sich entgegenstellen möchte.

Jungfrau-Affen (24. 8. — 23. 9.) sind meist zuverlässiger als andere Affen, aber auch leicht verletzbar. Man kann sie am ehesten zähmen. Dann können sie treu und anhänglich sein, aber auch sehr launenhaft.

Waage-Affen (24. 9. — 23. 10.) haben die Fröhlichkeit für sich gepachtet. Sie können so charmant die Unwahrheit sagen, daß man ihnen nicht böse sein kann. Sie arbeiten hart, um sich ein luxuriöses Leben zu leisten.

Skorpion-Affen (24. 10. — 22. 11.) kann man nicht immer über den Weg trauen. Sie sind zielstrebig und ohne jeden Skrupel, wenn es darauf ankommt, weiterzukommen. Als feurige Liebhaber sind sie geschätzt, in der Ehe weniger.

Schütze-Affen (23. 11. — 21. 12.) spielen sich gern in den Vordergrund. Durch Geist und Witz überzeugen sie im Beruf. Kollegen sind von ihnen zuerst begeistert, bis sie des Schütze-Affen harte Ellenbogen spüren.

Steinbock-Affen (22. 12. — 20. 1.) springen nicht so schnell wie andere Affen, aber ihre Gründlichkeit ist geschätzt. Sie versuchen, mit einem gewissen Ernst das Leben zu meistern. Mit Hilfe des Verstandes gelingt ihnen das auch.

Wassermann-Affen (21. 1. — 19. 2.) werden oft von dem

eigenen Leichtsinn überrollt. Man liebt sie, aber man hat sie nie lange für sich allein. In ihr Innerstes lassen sie sich nicht schauen. Das macht sie gefährlich.
Fische-Affen (20. 2. — 20. 3.) spielen gern und erreichen spielerisch feste Werte. Sie haben mehr Gemüt als andere Affen und sind Meister der Überredungskunst. Wer von ihnen geliebt wird, wird an ihrer Seite fröhlich.

Die Partner der Affen

Ratten sind verspielte Wesen, und das mögen die Affen. Außerdem verstehen die Ratten die skurrilen Späße des Affen als launige Beigabe eines liebenswerten Gefährten.
Büffel sind für den springlebendigen Affen so erregend wie die Wachspuppen in einem Panoptikum. Der Büffel ist erdgebunden, der Affe dagegen klettert auf die Palme.
Tiger verstehen nicht allzu viel Spaß — vor allem nicht, wenn er mit ihnen selbst getrieben wird. Tiger und Affen streiten sich oft, feiern aber auch immer wieder liebevoll Versöhnung.
Hasen schütteln den Kopf, wenn der Affe seine Kapriolen treibt, und lachen dann doch. Beim Hasen findet der Affe das Zuhause, das ihm die Welt offen hält.
Drachen enttäuschen den Affen in Sachen Liebe nie. Es könnte nur zu unruhig hergehen in dem Drachen-Affen-Haus, dann müßte eben einer die Notbremse ziehen.
Schlangen sind für den Affen vielfach eine Nummer zu groß, was das Hochgeistige angeht. Mit Witz allein kann man eben einer Schlange nicht beikommen.

Pferde spielen mit dem Affen gern, auch jene intimen Lustspiele, die vor dem Traualtar enden. Man sollte beiden wünschen, daß der Honigmond ewig anhalte.

Ziegen können den Affen oftmals nicht riechen, weil er zu oberflächlich ist. Könnte er ihnen ein gepflegtes Heim bieten, würde schon manches besser gehen.

Affen unter sich lieben sich heiß und erfinden immer neue Liebesspiele. Sie sollten nur nichts übertreiben und zur rechten Zeit auf des Lebens Ernst schalten.

Hähne werden vom Affen regelrecht gerupft, am Spieß gegrillt und vernascht. Das Komische: der Hahn läßt sich's gefallen! Wenn das nicht Liebe ist ...

Hunde kann man ausnehmen, wenn sie mal einen guten Tag haben. Und sie haben manchen guten Tag. Das merkt der Affe bald. Aber ob das für ein Leben lang reicht?

Schweine bringen dem Affen Glück. Doch solch ein Glücksschweinchen will auch was geboten bekommen. In dieser Hinsicht geht dem witzigen Affen manchmal die Puste aus.

雄

Der stolze Hahn

15. 2. 1885 — 7. 1. 1886
2. 2. 1897 — 21. 1. 1898
22. 1. 1909 — 9. 2. 1910
8. 2. 1921 — 6. 2. 1922
26. 1. 1933 — 13. 2. 1934
13. 2. 1945 — 1. 2. 1946
31. 1. 1957 — 18. 2. 1958
17. 2. 1969 — 5. 2. 1970

Ihre Haltung ist gerade, ihr Blick oft durchdringend, ihr Gehabe königlich: Die stolzen Hähne wollen von ihrer Umwelt verehrt werden. Man soll sie sehen, jeder Zoll ein Mensch, der erhaben ist über alle anderen. Hähne lieben den Pomp, ein mit wertvollen Möbeln ausgestattetes eigenes Heim und eine Stellung, in der sie auf andere einen gewissen Einfluß ausüben.

Sie könnten ganz oben an der Spitze stehen, wenn sie sich selbst nicht alles so schwer machen würden. Hähne sind harte Arbeit gewöhnt, über die sie allein Erfolge zu erreichen glauben. Aber während sie arbeiten und schuften, läßt sich's ein anderer wohlergehen und bastelt an seiner Karriere. Nur darum kommen Hähne in untergeordneten Stellungen vor.

Oft suchen sie die Sicherheit als staatlicher Beamter oder Polizist. Sie sind in Friseur-Salons zu finden und im Gaststättengewerbe. Ihre eisernen Nerven befähigen sie zum Arzt und in anderen Berufen, in denen es blutig hergehen kann. Zum Geld haben sie die gesunde Einstellung, daß man es zum Glück braucht.

Hähne-Geborene sind unermüdlich, wenn es darum geht, sich ein wenig Wohlstand zu sichern, aber sie sind zu stolz, darum zu betteln. Alles wollen sie sich ganz alleine schaffen, niemandem danke sagen. Sie können ihr letztes Hemd verschenken, wollen selbst aber nichts geschenkt haben.

Lob ist für sie das schönste Präsent, das man ihnen machen kann. Sie quittieren es mit hoheitsvoller Geste. Es schmeichelt ihnen, und deshalb fallen Hähne oft auf Leute herein, die mit ihren Schmeicheleien nur das eine erreichen wollen, daß der Hahn blind wird gegenüber den Tatsächlichkeiten und mit aufgeblähtem Kamm einherstolziert, während sie ihr trübes Süppchen kochen, in dem sie den Hahn sieden lassen wollen. Bis er dann das falsche Pack erkennt und zur Rechenschaft ziehen will, ist es längst über alle Berge oder versucht über neuen Schmeicheleien den Hahn erneut einzulullen. Verstehen Sie nun, warum es Hähne oft nicht weit bringen?

In der Liebe ist das freilich nicht der Fall. Da sind Hahnen-Mann wie Hahnen-Frau gewissermaßen Hahn im Korb. Hier treiben die Schmeicheleien, mit denen sie umworben werden, seltsame Blüten, und die Früchte fallen reif herunter.

Hähne sind exzellente Liebhaber und kriegen auch eine spröde Schöne herum. Wer einem Hahn verfiel, wird selbst dann noch von ihm schwärmen, wenn er ihn verließ, um eine andere — vielleicht auch nur für kurze Zeit — glücklich zu machen. Hahnen-Männer fühlen sich am wohlsten in Gesellschaft von Frauen. Männer sind für ihn lästige Konkurrenten. Und darum haben Hahnen-Männer auch nur wenige Freunde, aber die Zahl ihrer Freundinnen läßt sich nicht immer gleich überblicken.

Auch die Hahnen-Frau hat Glück in der Liebe. Aber anders als beim Hahnen-Mann flattert sie nicht von einem zum anderen, sondern sucht sich einen festen Freund. Frauen, das sagt ihr der Stolz, können sich auf dem Sektor Liebe eher etwas vergeben als Männer. Sie wird für ihren Ehemann durchs Feuer gehen, ihn umsorgen und ihm, wenn er es will, sogar die Füße waschen. Bei aller Fürsorge für den Mann vergißt sie dann die lieben Kleinen, die zur Familie gehören. Hahnen-Frauen sind gute Mütter, aber für ihre Kinder sind sie immer erst in zweiter Linie da, zuerst kommt der Mann, den sie liebt.

Hähne sind wißbegierig. Sie würden niemals etwas beginnen, das sie nicht vorher schon eingehend studiert hätten. Sie wollen mitreden können, beweisen, was sie wert sind.

Manchmal erscheinen sie dann ihrer Umwelt als rechte Prahlhänse, die überall ihre Nase hineinstecken. Das macht sie unglaubwürdig und läßt sie arrogant erscheinen.

Manche Hähne leben risikoreich. Das sind die Kampfhähne, die mit ihrer Aggressivität die Mitmenschen vergraulen. Sie schrecken selbst nicht davor zurück, den liebsten Freund zu verletzen. Diese Hähne befinden sich — Gott sei Dank! — in der Minderzahl.

Die meisten Hähne sind bei allem stolzen Gehabe, das sie zur Schau stellen, herzensgut und hilfsbereit. Man sollte ihnen ihre Arbeit lassen, sie ein wenig achten. Niemals sollte man sie herausfordern, damit sie nicht kleinlich reagieren können.

Man lasse den Hähnen auch ihre wenigen Träume, das nur im tiefsten Innern bewahrte romantische Gefühl. Sie haben ja doch ein Leben lang so wenig zu lachen, weil sie ständig irgend etwas zu tun haben. Faulenzen möchten sie schrecklich gern, aber das würde gegen ihre Art sein.

Man lasse sie lachen — sagten wir. Aber lachen Sie nur nie über einen Hahn. Er wird es Ihnen nicht verzeihen. Geht es um ihn selbst, versteht er keinen Spaß.

Und schließlich sollte man keinem Hahn etwas krumm nehmen. Er meint es nie so ernst, wie er es manchmal sagt. Er hat nur die seltsame Gabe, anzuecken, koste es, was es wolle. Hinterher tut's ihm leid. Wenn er Verständnis findet, wird er manche schlechte Angewohnheit mit der Zeit verlieren. Denn Hähne sind auch ein wenig das, wozu sie ihre Umwelt macht. Man müßte sie lieben, um zu wissen, was sie im tiefsten Inneren wirklich sind.

Wie erzieht man Hahnen-Kinder?

Hahnen-Kinder mögen Eltern, die ihnen den Himmel auf Erden bereiten. Falsche Bescheidenheit kennen sie nicht. In der Schule kommen sie mit, aber was anderen anfliegt, müssen sie sich oft erst hart erarbeiten. Sie finden Freunde meist unter den Schwächeren, die die mutige Art des Hahnen-Kindes bewundern. Denn schon bald regt sich der Stolz im Herz des kleinen Hahns. Verletzten Sie es nicht, sondern versuchen Sie vielmehr, es in die richtige Bahn zu lenken. Das Hahnen-Kind braucht schließlich auch etwas, auf das es stolz sein kann: etwa das Vorbild der Eltern oder ein gutes Zeugnis.

Der Hahn vom Widder bis zu den Fischen

Widder-Hähne (21. 3. — 20. 4.) haben den Hahnen-Kampf erfunden. Sie streiten für ihr Leben gern. Man sollte ihnen Beruhigungspillen in Form von Liebe und Güte geben, dann sind sie leicht zu haben und erreichen viel.
Stier-Hähne (21. 4. — 20. 5.) arbeiten noch mehr als andere Hähne. Sie bringen es aber auch zu mehr. Da sie Toleranz üben, finden sie viele Freunde. In der Ehe sind sie zuverlässige, liebenswerte Partner.
Zwillinge-Hähne (21. 5. — 21. 6.) bringen Unruhe ins Heim und in den Betrieb. Ihr unruhiger Geist schießt manchmal

seltsame Purzelbäume. Sie brauchen sehr viel Verständnis und noch mehr Bewunderung.

Krebs-Hähne (22. 6. — 22. 7.) unterliegen am ehesten den Schmeicheleien falscher Mitmenschen. Sie meinen es immer ehrlich, aber gerade mit ihrer Ehrlichkeit ecken sie am meisten an. Nichts fällt ihnen in den Schoß.

Löwe-Hähne (23. 7. — 23. 8.) tragen den Kopf höher als andere. Man muß ihnen Reverenz erweisen. Ihr Weg führt nach oben, wenn sie verstehen, das Geld zusammenzuhalten und nicht zuviel zu wagen.

Jungfrau-Hähne (24. 8. — 23. 9.) denken in realen Werten. Ihr Stolz beschränkt sich darauf, für getane Arbeit gelobt zu werden. Manchmal sind sie grüblerisch, dann ziehen sie sich zurück von der schnöden Welt.

Waage-Hähne (24. 9. — 23. 10.) genießen das Leben in vollen Zügen, werden umworben und schenken ihre Gunst bald diesem und bald jenem. Sie hören gern auf die Einflüsterungen anderer, und das kann ihnen schaden.

Skorpion-Hähne (24. 10. — 22. 11.) überzeugen ihre Umwelt mit Witz und Schlagfertigkeit. Was sie sagen, hat Hand und Fuß. Sie werden auch viele Erfolge verbuchen können. Nur Sporn und Stachel stören etwas.

Schütze-Hähne (23. 11. — 21. 12.) wollen die Welt für sich erobern. Sie lieben das Abenteuer und das Reisen. Manchmal bringen sie viel Geld und Ruhm nach Hause zurück, oft auch nur Erfahrungen für die Zukunft.

Steinbock-Hähne (22. 12. — 20. 1.) lassen sich nur ungern in die Karten schauen. Sie sind oft wahre Finanzgenies. Sie bewahren immer Haltung und fühlen sich ihren Mitmenschen gegenüber aus gutem Grund erhaben.

Wassermann-Hähne (21. 1. — 19. 2.) möchten gern verstanden werden. Dann sind sie die besten Partner unter den Hähnen, wenn auch nicht die zuverlässigsten. Man sollte sie auf ein Podest stellen.

Fische-Hähne (20. 2. — 20. 3.) träumen mehr als andere Hähne und haben auch mehr Gefühl, daher sind sie verwundbar. In die Enge getrieben, verstehen sie zu kämpfen. Im Endeffekt setzen sie sich immer durch.

Die Partner des Hahns

Ratten können wirklich zauberhafte Partner des stolzen Hahns sein. Sie übersehen, was oberflächlich an ihm ist und überwinden mit List seinen Egoismus.

Büffel paktieren mit dem Hahn ein Leben lang. Man versteht sich fast blind und übersieht sogar die doch so zahlreichen gegenseitigen Schwächen.

Tiger hoffen auf die unterordnende Liebe des Hahns. Bei dem ist die Hoffnung genau umgekehrt. Beide müßten in einem Lebensbund manche Abstriche am eigenen Stolz machen.

Hasen kommen kaum darüber hinweg, wenn der Hahn in seinem Stolz ihre Gefühle verletzt. In dieser Verbindung müßte man mehr Verständnis füreinander aufbringen.

Drachen werden den Hahn in Grenzen glücklich machen. Sie werden vor allem dafür sorgen, daß er auf der Erfolgsleiter Sprosse um Sprosse höher klettern kann.

Schlangen sind zwar nicht die schlechtesten Partner für den Hahn, aber zur himmelhochjauchzenden Liebe wird es zwischen den beiden nicht kommen, eher zum Zweckbündnis.

Pferde stehlen dem Hahn zwar hier und da die Schau, aber dem macht das gar nichts aus. Man hat sich gesucht und gefunden und besitzt viele gemeinsame Ideale.
Ziegen fühlen tiefer, deshalb muß sie der Hahn eines Tages enttäuschen. Allein von ihm hinge es ab, sich zu ändern. Aber dazu ist der Hahn zu stolz.
Affen wickeln den Hahn gewissermaßen um den kleinen Finger. Sie springen mit ihm oft recht spaßig um. Und er, der alte Hagestolz, läßt sich's gefallen.
Hähne unter sich lieben den Hahnenkampf, sie bearbeiten sich so lange, bis einer von beiden kuscht. So sucht mancher — gerupft — das Weite.
Hunde verbellen den Hahn, Aufregenderes ist von ihnen kaum zu erwarten. Bei Hunden könnte der Hahn die schönsten Schwungfedern verlieren.
Schweine können eines nicht ausstehen: wenn ihnen der Hahn zu direkt kommt. Sie haben eine Menge Taktgefühl, das sehr leicht vom Hahn verletzt werden kann.

犬

Der treue Hund

8. 1. 1886 — 23. 1. 1887
22. 1. 1898 — 9. 2. 1899
10. 2. 1910 — 29. 1. 1911
7. 2. 1922 — 14. 2. 1923
14. 2. 1934 — 4. 2. 1935
2. 2. 1946 — 21. 1. 1947
19. 2. 1958 — 7. 2. 1959
6. 2. 1970 — 26. 1. 1971

Das ist das Seltsame an solch einem Hunde-Leben: Sie wollen es allen recht machen, und dann merken sie, daß sie dabei gar nicht so richtig lagen. Das fordert der Hunde Trotz heraus, knurrend stehen sie vor den verständnislosen Mitmenschen und kläffen sie an. Sie beißen nicht. Hinterher tut ihnen auch alles wieder leid — Hunde mögen keinen Streit, obwohl sie ihn oft selbst vom Zaune brechen.

Hunde sind gutmütig, vor allem treu. Sie würden sich für ihren Nächsten zerreißen lassen, sich vor ihn stellen, wenn er unrecht behandelt würde. Sie werden ihn selbst dann noch verteidigen, wenn er silberne Löffel geklaut hat, und behaupten, der Bestohlene sei wahrscheinlich selbst an dem Diebstahl schuld, er hätte ja besser auf sein Silber aufpassen können. Wen Hunde lieben, den lieben sie eben mit letzter Konsequenz.

Im Jahr des Hundes geborene Menschen sind selbstlos, sie vertreten die Sache, von deren Richtigkeit sie überzeugt sind, bis zum Äußersten. Man findet sie daher als Boß von Gewerkschaftsorganisationen und als unerschrockene Parlamentarier, als Lehrer und Richter, als Philosophen und Schriftsteller. Kritische Journalisten wurden in diesem Zeichen zu hunderten geboren. Hunde-Geborene eignen sich auch, vor allem die Frauen, für Sozialberufe und natürlich für den geistlichen Stand.

Spitzenpositionen haben die meisten Hunde nicht inne, das kommt daher, daß sie auf der Sprossenleiter zum Erfolg unterwegs hängen bleiben — als rechte Hand des Chefs. Man vertraut ihnen, weil sie über Interna schweigen können.

Hunde erkennen die Obrigkeit als naturgegeben an. Sie gehorchen aufs Wort, wenn auch manchmal zähneknirschend, und tun dann doch das, von dem sie glauben, daß es richtig sei.

Treue Hunde haben manche Firma vor dem Konkurs gerettet, weil sie Anordnungen in ihrem Sinne auslegten. Sie werden kein Wort darüber verlieren, wenn der Chef nach Abwendung der schlimmen Lage alles sein Werk nennt.

Ein Hund findet sich überall zurecht. Er weiß zu organisieren, selbst scheinbar zu Bruch Gegangenes wieder zu reparieren. Er ist ein Künstler im Handwerklichen. Und er müßte eigentlich der größte Optimnist sein, wenn er nicht so viele Wenn und Aber fände. So erscheint er seinen Mitmenschen eher pessimistisch, oft trüben Gedanken nachhängend, grüblerisch. Er braucht von Zeit zu Zeit das Alleinsein, um sich zu sammeln, um zu verarbeiten, was in seiner Nachtseele negativistisch brodelt.

Diese innere Sammlung läßt ihn Auswege finden, auf die sonst niemand käme. Hunde können in den kritischsten Situationen kaltblütig bleiben. Sie führen jeden aus einer Notlage heraus, weil sie die Schleichwege instinktiv erahnen, auf denen man entweichen kann. Ihr Spürsinn ist großartig.

Hunde sind die besten in der Familie, aber auch hier wird ihre Fürsorge, ihr ständiges Besorgtsein um das Wohl jedes einzelnen oft falsch ausgelegt. Hunde meinen, daß ihre Ansichten so falsch nicht sein können und beharren darauf. Meist haben sie recht, aber sie bräuchten das ihre Mitmenschen nicht immer so penetrant spüren lassen.

In der Liebe erscheinen Hunde manchem etwas zu distanziert. In ihrem Inneren jedoch kocht der Vulkan feuriger Leidenschaften. Aber Vulkane brechen heutzutage nur noch

selten aus. Und so bleibt auch des Hundes Leidenschaft oft lahmgelegt. Man müßte sie mit sehr viel Einfühlungsvermögen und zarten Streichelkünsten entfachen können.
Hunde wirken leicht prüde, sie lieben Intimitäten im Schummrigen oder in der Dunkelheit. Grelles Licht oder Spiegelkabinette sind ihnen beim Spiel zu zweit verhaßt. Sie legen sich weise Zurückhaltung auf, und diese wird auch vom Partner erwartet.
Das macht das Zusammenleben mit ihnen nicht sehr bequem, müßte man doch ständig bereit sein, die richtige Schummerstunde zu erraten. Dies gilt für Hunde-Männer, noch mehr aber für Hunde-Frauen.
Lassen Sie den Hunden ihre ganz persönlichen Eigenarten, die nur selten zu Unarten werden. Nehmen Sie ihre Fürsorge als Geschenk hin. Der Hunde-Geborene wird's Ihnen danken und alles tun, Ihnen den Himmel auf Erden zu bereiten.
Hunde können ein hartes, gerechtes Wort vertragen, aber sie müssen es erst in ihrem Inneren verarbeiten. Üben Sie Geduld, warten Sie ab, er wird von selbst zu Ihnen kommen und Ihnen zu Diensten sein. Streicheln Sie nie einen Hund wider den Strich, dann sträuben sich bei ihm die Haare, und er wird widerborstig.
Und lieben Sie ihn, wie er Sie liebt. Denn trotz aller nach außen gezeigten Kühle fühlt sich ein Hund ohne Liebe hundeelend.

Wie erzieht man Hunde-Kinder?

Man halte einige Streichel-Einheiten für Hunde-Kinder bereit, sie brauchen mehr elterlichen Schutz als andere Kinder. Sie spielen gern für sich allein, aber wenn es darauf ankommt, schließen sie sich einem Rudel Gleichaltriger an und machen die verschiedensten Streiche mit, hecken sie oftmals sogar selber aus. In der Schule glänzen sie durch weise Zurückhaltung und werden so zu Lieblingsschülern des Lehrers. Man sollte die Hunde-Kinder getrost ein wenig verwöhnen, das hält für ein Leben lang vor. Bei den Hunden merkt man später genau, ob sie aus einem fürsorglichen Elternhaus stammen. Sie brauchen die Nestwärme, um später erfolgreich den Lebenskampf bestehen zu können.

Der Hund vom Widder bis zu den Fischen

Widder-Hunde (21. 3. — 20. 4.) bewachen die ihnen Anvertrauten mit solcher Sorgfalt, daß sich diese manchmal von ihnen eingesperrt fühlen. Das heißt: Widder-Hunde schießen oft übers Ziel hinaus.

Stier-Hunde (21. 4. — 20. 5.) verlangen viel, geben jedoch um so mehr. Eifersucht ist ihre schwache Seite. Ihr stehen jedoch viele Tugenden gegenüber: Fleiß, Ausdauer, Verständigungsbereitschaft und vor allem Treue.

Zwillinge-Hunde (21. 5. — 21. 6.) geben sich manchmal viel wilder, als sie in Wirklichkeit sind. Sie stecken voller Widersprüche. Oft bleiben sie dicht vor dem Ziel stehen und fixieren ein neues an.

Krebs-Hunde (22. 6. — 22. 7.) liebt man wegen ihrer Gutherzigkeit. Sie reagieren auf den Verstand mit ihren Gefühlen, was sie dann leicht scheitern läßt. Man kann sie nur bis zu einem gewissen Grad ausnutzen.

Löwe-Hunde (23. 7. — 23. 8.) bellen mehr als andere Hunde, doch ihr Gekläffe wirkt mehr wie Theaterdonner. Im Beruf plagt sie der Streß, weil sie sich oft auch das aufhalsen lassen, was sie nicht ganz bewältigen können.

Jungfrau-Hunde (24. 8. — 23. 9.) sind pingelig genau. Da muß ein Teil akkurat neben dem anderen liegen. Das macht das Zusammenleben mit ihnen etwas schwerer. Sie kapseln sich auch gerne von der Umwelt ab.

Waage-Hunde (24. 9. — 23. 10.) muß man lieben. Sie kuscheln sich wohlig hinterm Ofen. Das friedliche Zuhause ist ihre Welt. Nein können sie nicht sagen, und das fordert die Konflikte geradezu heraus.

Skorpion-Hunde (24. 10. — 22. 11.) werden bissig, wenn man sie oder ihre Lieben angreift. Ihr Wille kann Berge versetzen. In der Liebe suchen sie den Partner, der bedingungslos mit ihnen durch dick und dünn geht.

Schütze-Hunde (23. 11. — 21. 12.) machen viel mit Kraft und Elan. Sie rennen allen davon, wenn es darauf ankommt. Schütze-Hunde sind am Ende oft nicht ausdauernd genug, verzagen aber nie.

Steinbock-Hunde (22. 12. — 20. 1.) spielen nicht gern. Sie sind ernst und in sich gekehrt. Man kann sich auf sie verlassen. Ihr Pessimismus macht sie verschlossen. Sie trauen nur sich selbst.

Wassermann-Hunde (21. 1. — 19. 2.) sind argwöhnisch, sie

wittern hinter der geringsten Unstimmigkeit einen persönlichen Angriff. Ihr Rat ist gefragt, ihre Intelligenz überdurchschnittlich; sie bringen es zu etwas.
Fische-Hunde (20. 2. — 20. 3.) träumen in den Tag hinein, wenn sie nicht gerade damit beschäftigt sind, die Brötchen für die Lieben daheim zu verdienen. Bevor sie sich streiten, sagen sie lieber zu allem ja und amen.

Die Partner des Hundes

Ratten mögen des Hundes ruhige Art. Sie versuchen den oft Melancholischen aufzuheitern, was ihnen auch blendend gelingt. Man liebt's kameradschaftlich.
Büffel sind vom Temperament her dem Hund fast ebenbürtig. Trotzdem gibt es viel Probleme in solcher Verbindung, die erst mühsam gelöst werden müssen.
Tiger raufen sich mit dem Hund zusammen, freilich muß dieser Haare lassen. Hat man endlich die Einflußzonen abgesteckt, klappt alles vorzüglich.
Hasen schätzen die Treue des Hundes. Obwohl sie selbst kein überschäumendes Temperament besitzen, wünschten sie sich vom Hund doch mehr Forschheit.
Drachen lassen den Hund merken, daß er für sie ein kleiner Schwächling ist, der sich mit ihnen nicht messen kann. Aber ist das denn wirklich so?
Schlangen schleichen sich ganz allmählich in des Hundes Herzkämmerchen. Und dann sind sie gefangen ein Leben lang und kommen vom treuen Hund nicht mehr los.

Pferde verstehen sich mit dem Hund auf Anhieb. Man ist sich ergeben und hat Verständnis für des anderen Unarten. Hund und Pferd sind ideale Partner.

Ziegen lassen sich hier und da gehen, das sollte der Hund übersehen. Dann kann es zu einer Verbindung kommen, die besonders haltbar ist.

Affen lachen über den Ernst des Lebens, den der Hund ihnen gegenüber anführt, wenn sie gar zu sehr ihr witziges Temperament sprühen lassen. Na, ja . . .

Hähne haben wenig Verständnis für des Hundes Lebens-Alltag. Er will wohlig hinterm Ofen liegen, sie wollen draußen glänzen. Wie paßt das zusammen?

Hunde unter sich gleichen sich an. Sie lassen dem anderen die Ruhe, die sie sich selbst wünschen. Das gibt Zufriedenheit mit dem Dasein, aber aufregend ist das nicht.

Schweine können sich anpassen. Sie werden vor allem des Hundes anhängliche Treue zu schätzen wissen. Man lebt genüßlich nebeneinander her.

猪

Das ehrliche Schwein

24. 1. 1887 — 11. 2. 1888
10. 2. 1899 — 30. 1. 1900
30. 1. 1911 — 17. 2. 1912
15. 2. 1923 — 4. 2. 1924
5. 2. 1935 — 23. 1. 1936
22. 1. 1947 — 9. 2. 1948
8. 2. 1959 — 27. 1. 1960
27. 1. 1971 — 18. 2. 1972

Man kann es nicht anders sagen: Im Jahr des Schweins geborene Menschen sind Fanatiker der Wahrheit. Sie können nicht lügen, und wenn sie mal flunkern, werden sie bestimmt rot hinter den Ohren. Das Erröten nimmt zwar mit zunehmendem Alter und damit wachsender Erfahrung ab; aber es bleibt die Tatsache, daß sich das Schwein selbst bei kleinen Notlügen in seiner Haut nicht wohlfühlt.

Diese unbedingte Wahrheitsliebe macht es in seiner Umgebung nicht allen sehr beliebt. Wahrheit kann verletzen. Außerdem ist absolute Ehrlichkeit nicht gerade fördernd. Die anderen, Kollegen oder Konkurrenten, halten eher mal hinterm Berge, um ihr trübes Süppchen zu kochen. Sie stellen fadenscheinige Behauptungen auf, um ans Ziel zu gelangen. Diesen Ränkeschmieden steht das Schwein meist hilflos gegenüber.

Hinzu kommt, daß sich Schwein-Geborene oft nur zögernd entscheiden können, dann nämlich, wenn sie den Wert oder Unwert einer Sache noch nicht genau erkannt haben. Von vielen wird dieses wägende Abwarten dann als Unsicherheit gewertet.

Man sieht: Schweine haben es schwer. Aber sie haben auf der anderen Seite unvorstellbares Glück („Schwein haben" sagt auch schon der Volksmund). Von den Lotto-Millionären sind viele in einem Jahr des Schweines geboren. Schwein-Geborene werden auch häufig als Alleinerben eingesetzt, weil Erblasser gerade in den letzten Lebensjahren die Gutmütigkeit und die Fürsorge des Schweines kennenlernten.

Glauben Sie nur ja nicht, das Schwein sei dumm! Es wird in allen Berufen Bedeutendes leisten können. Seine Geradlinigkeit macht es zum sozialdenkenden Unternehmer, zum verständnisvollen Chef, zum zupackenden Arzt oder zum tüftelnden Forscher. Als freischaffender Künstler wird es auf den Bühnen der Welt oder in der Zirkusmanege gefragt sein.

Männer und Frauen aus dem Jahr des Schweines werden im Leben ihren Weg machen. Aber sie werden am Wegesrand nur wenig echte Freunde finden. Schwein-Geborene sind, was feste Freundschaften angeht, seltsam kontaktarm. Das machen die vielen Enttäuschungen, die ihnen ihre lieben Mitmenschen bereiten und auf die sie doch immer wieder hereinfallen.

In der Liebe ist es genauso — man kann sich schwer entscheiden. Im Zeichen Schwein müssen oft mehrere Anläufe gemacht werden, bevor man eine feste Bindung endgültig eingeht. Und meistens bleiben einige Beinahe-Partner zurück, die erst im nachhinein wissen, was sie an dem Schwein-Geborenen verloren haben.

In der Ehe entwickelt sich der Schwein-Mann zum Mustergatten. Schweine-Frauen sind die besten Mütter, die man sich denken kann, die liebsten Ehefrauen. Schweine-Männer sind treu und nachgiebig. Sie wollen ihrer Familie den Himmel auf Erden bereiten, aber manchmal reicht das Geld nicht ganz, weil der Himmel zu teuer ist.

Was Schwein-Geborene nicht ausstehen können ist Streit und Zank. Und darum gehen sie im Beruf und in der Ehe vielfach den untersten Weg. Das mag manchen erst recht auf die Palme bringen, für den ein Gewitter die Luft reinigt. Gerade von solchen Leuten wird dann dem Schwein-Geborenen nachgesagt, er sei zu weich und habe einen schwachen Charakter.

Das Schwein selbst kann bei zu vielen Enttäuschungen zum rechten Menschenverächter werden. Und das könnte seiner

Karriere, aber auch in den zwischenmenschlichen Beziehungen schaden.
Schweine lieben das Leben, sie sind keine Kostverächtern. Ausschweifende Feste sind ihnen trotzdem ein Greuel — die Grillparty daheim ist ihnen lieber. Sie können oft stundenlang stumm in einem Sessel sitzen und nichts tun, vor sich herdösen. Wenn sie aber ein Problem haben, so werden sie es wortreich dem Partner auseinandersetzen.
Schwein-Geborene können gut zuhören. Wenn sie selbst etwas zu sagen haben, werden sie sehr weit ausholen, in aller Genauigkeit zu erklären versuchen, und die anderen werden dennoch kaum ein Wort davon verstehen: zu weitschweifig ist ihre Rede.
Und Schweine können auch noch über sich selbst lachen. Sie sind denen, die sie lieben, gute Freunde. Große Leidenschaften werden sie nicht entfachen können. Sie zögern manches hinaus und hoffen, daß es sich damit von selbst erledigt.
Sie halten eine gepflegte Unordnung meist für besser als pingelige Genauigkeit. Sie geben sich auch legerer als ihre Umgebung. Die Mode, die Schwein-Geborene kreierten, ist salopp, aber trotzdem schick.
Im Jahr des Schweines geborene Menschen sollten immer auf ihr Gewicht achten, da sie vor allem im Alter zur Behäbigkeit neigen. Sie müssen sich auch vor Genußgiften hüten. Schon mancher Schwein-Geborene trank den Kummer über die ach, so verständnislose Welt in sich hinein und mußte sich zur Entziehungskur melden.
Schweine, sagten wir, zögern oft sehr lange. Wenn sie aber einmal einen Entschluß gefaßt haben, dann ist er unumstößlich. Sie werden ihn gegen alles und gegen jeden zu

verteidigen wissen. Sie haben Selbstvertrauen genug, sich durchzusetzen, sind aber auch klug genug, Kompromisse zu schließen.

Wie erzieht man Schweine-Kinder?

Zunächst einmal: Schweine-Kinder braucht man eigentlich gar nicht zu erziehen, man muß ihnen nur gut zureden. Denn es gibt nichts Einsichtigeres als dieses Kind. Es ist anhänglich, schätzt ein gutes Zuhause und hat seinen eigenen Kopf. Ungerechtigkeiten kann es nicht ausstehen. Lehrer, von denen es sich falsch behandelt fühlt, wird es negieren, auch wenn dabei im Zeugnis eine Fünf herauskommt. Schweine-Kinder sind in der Schule Spätzünder, was sie aber einmal gelernt haben, werden sie ein Leben lang nicht vergessen. Sie streben meist früh nach Unabhängigkeit von den Eltern, weil sie ihnen nicht zur Last fallen wollen. Man sollte ihnen unmerklich Hilfestellung geben.

Das Schwein vom Widder bis zu den Fischen

Widder-Schweine (21. 3. — 20. 4.) setzen sich eher durch als andere Schweine. Sie werden im Leben schneller zu etwas kommen, und das ganz ohne die Ellenbogen einzusetzen. Ihre Art ist herzlich, aber bestimmt.

Stier-Schweine (21. 4. — 20. 5.) sprechen nicht viel, sie handeln wortlos. Sie sind sehr musisch und putzen das eigene

Heim zu einem Schmuckkästchen heraus. Es ist schwer, ihr ganzes Herz zu erobern.

Zwillinge-Schweine (21. 5. — 21. 6.) scheuen sich nicht, neue Wege zu gehen, geraten aber dadurch auch auf Abwege. Keine Angst, diese Schweine finden sich, dank ihrer Wendigkeit, schließlich doch zurecht.

Krebs-Schweine (22. 6. — 22. 7.) halten sich zurück, weil sie leichter zu verletzen sind. Sie hängen am Leben und kosten es aus. Man muß sie lieben, weil sie einfach nett und anhänglich sind.

Löwe-Schweine (27. 7. — 23. 8.) scheinen das Glück für sich gepachtet zu haben. Sie finden sich in allen Lebenslagen zurecht, sollten sich jedoch vor Völlerei hüten. Löwe-Schweine machen in der Regel Karriere.

Jungfrau-Schweine (4. 8. — 23. 9.) bleiben selbst dann bescheiden, wenn sie ein hohes Bankkonto ihr eigen nennen können. Sie weichen nicht vom Pfad der Tugend ab. Manchmal mag man sie für rechte Pedanten halten.

Waage-Schweine (24. 9. — 23. 10.) können einfach nicht nein sagen. Das birgt Schwierigkeiten in sich. Man nutzt sie aus. Aber im Grunde lassen sie sich gern ausnutzen. Sie hassen vor allem häuslichen Streit.

Skorpion-Schweine (24. 10. — 22. 11.) verletzen Mitmenschen oft durch ihre unnachgiebige Geradlinigkeit. Sie beharren auf einmal gefaßten Beschlüssen. Sex-Abenteuern sind sie übrigens nicht abgeneigt.

Schütze-Schweine (23. 11. — 21. 12.) sind rechte Intelligenz-Bestien. Ihr Sarkasmus läßt sie anecken. Sie werden vorwärtskommen, wenn sie ihr sanguinisches Temperament nicht zu Fehlschlüssen verleitet.

Steinbock-Schweine (22. 12. — 20. 1.) tun lieber alles selbst,

bevor sie andere an eine Sache heranlassen. Das schafft ihnen Feinde. Ihr Herz hat eine dicke Schwarte, hinter der aber ein weicher Kern sitzt.
Wassermann-Schweine (21. 1. — 19. 2.) haben Erfolg, weil sie zielstrebiger als andere Schweine sind. Zum weichen Herzen kommen hier die Launen, aber auch ein wacher Verstand, der stets das Richtige bewirkt.
Fische-Schweine (20. 2. — 20. 3.) sind gar nicht so ohne. Sie treten ihrer Umwelt freundlich entgegen, setzen sich jedoch gerade damit durch. Sie sollten das Leben genießen, aber immer nur mit Maß und Ziel.

Die Partner des Schweines

Ratten versorgen das Schwein vorbildlich und sind auch geistig mit ihm gleichgeschaltet. Sie könnten zusammen eine ganze Menge erreichen.
Büffel sind etwas schwerfälliger als das Schwein, aber eigentlich genauso gradlinig. Das könnte für ein recht ruhiges Zusammenleben sprechen.
Tiger spielen mit dem Schwein und dann sind sie plötzlich gefangen von der ehrlichen Art, in der das Schwein um sie wirbt und in der es später für sie sorgt.
Hasen passen zum Schwein, das sich nach einem zärtlichen Partner sehnt. In der Ehe sind Schwein und Hase lieb und nett zueinander. Die Flitterwochen dauern länger.
Drachen werden an der Seite des Schweines zum Genießer. Sie vergessen aber auch nicht, daß man zupacken muß, soll die Familie auf einen grünen Zweig kommen.

Schlangen sind nicht unbedingt des Schweines Idealpartner, aber man wurstelt sich so durch, wobei das Schwein einige Borsten lassen muß.

Pferde rennen manchem Abenteuer nach, das die Schweine lieber im Fernsehen sehen. Aber sie finden nach jedem Ausbruch in des Schweines trautes Heim zurück.

Ziegen arbeiten viel — die Schweine sind bequemer. Aber wenn es darauf ankommt, schuften beide zusammen, um ihr Glück zu sichern. Denn glücklich werden die beiden.

Affen versuchen, dem Schwein die heitere Seite des Lebens zu zeigen. Das Schwein geht mit, weil es kein Kind von Traurigkeit ist. Nicht immer wird diese Verbindung halten.

Hähne lieben die Show. Sie stolzieren vor dem Schwein so lange auf und ab, bis es auf sie aufmerksam wird. Und dann fällt es sogar auf einen solchen Hahn mal herein.

Hunde sind treu und anhänglich. Sie finden im Schwein einen Partner, der das zu schätzen weiß. In einer Ehe zwischen Schwein und Hund kann jedoch Langeweile aufkommen.

Schweine unter sich sind ganz anders, als sie anderen Partnern erscheinen. Sie grunzen sich an, und manchmal sind sie rechte Futterneider. Aber das gibt sich mit den Jahren.

Das immerwährende chinesische Horoskop

Die 5000 Jahre alte chinesische Wahrsagekunst, aus den Gestirnen das Los der Menschen zu ergründen, soll nun im nachstehenden Kapitel einmal vereinfacht auf jedes Tierzeichen angewandt werden. Wir sind uns darüber im klaren, daß zu einem genauen Horoskop die Doppelstunde der Geburt und die Jahreszeit, die fünf Elemente und die zehn Himmelszeichen zu Rate gezogen werden müßten. Für diese Berechnungen haben die Chinesen dickleibige Nachschlagewerke. Wir wollen es hier bei einem kurzen Überblick belassen, aus dem jeder die guten und die mageren Jahre für sich herausfinden kann — ein immerwährendes chinesisches Horoskop für die zwölf Jahrtypen vom Jahr der Ratte bis zum Jahr des Schweines.

Das Schicksal der Ratten

Menschen, die in einem Jahr der Ratte geboren wurden, werden im allgemeinen eine ruhige Jugendzeit haben. Der mittlere Abschnitt ihres Lebens wird in einem steten Auf und Ab verlaufen. Mit Erreichen des vierten Lebensjahrzehnts dürften sie nach Überwinden mancher Schwierigkeiten ihre Sturm- und Drangzeit abgeschlossen haben. Danach können sie relativ ruhig und glücklich leben.

Im Jahr des Pferdes (1978, 1990) sollten Ratten die Zurückhaltung nicht aufgeben. Kluges Taktieren und Paktieren mit Menschen, denen das Pferd Glück bringt, wäre das Richtige, um das Jahr gut abzuschließen.

Im Jahr der Ziege (1979, 1991) können Ratten eine merkliche Besserung feststellen. Geld kommt ein und es kann an der Karriere gezimmert werden.

Im Jahr des Affen (1980, 1992) werden die Ratten mit dem Glück konfrontiert. Was sie anfassen hat Hand und Fuß. Und auch in der Liebe lacht der Wonnemond.

Im Jahr des Hahns (1981, 1993) gilt es, das bisher Erreichte zu sichern. Man sollte sich auch des Lebens schönsten Seiten zuwenden.

Im Jahr des Hundes (1982, 1994) werden die Ratten viel arbeiten müssen; denn nichts fällt ihnen von selbst in den Schoß. Der Erfolg gibt ihnen recht.

Im Jahr des Schweines (1983, 1995) tritt für die Ratten eine Ruhepause ein, die sie genüßlich nutzen können. Größere Wagnisse könnten fehlschlagen.

Im Jahr der Ratte (1984, 1996) bauen Ratten auf ihr Glück. Man fliegt ihnen zu, und auch finanziell ist manches zu erreichen. Ein ausgesprochen gutes Jahr.

Im Jahr des Büffels (1985, 1997) möchte die Ratte faulenzen. Sie hat zu nichts die rechte Lust. Nur gut, wenn sie sich ein finanzielles Polster zugelegt hat.

Im Jahr des Tigers (1986, 1998) neigen Ratten zu falschen Schlüssen, die für sie und die ihr Anvertrauten katastrophale Folgen haben können.

Im Jahr des Hasen (1987, 1999) ist für Ratten weise Zurückhaltung geboten. Mancher Erfolg kann sich ins Gegenteil verkehren. Pläne werden sich zerschlagen.
Im Jahr des Drachen (1988, 2000) kommt noch einmal die Wendung zum Guten. Ratten sollten für die kommenden etwas mageren Jahre Vorsorge treffen.
Im Jahr der Schlange (1989, 2001) können Ratten manchen Fehler machen. Rückschläge sind möglich und die Finanzen stehen nicht zum besten.

Das Schicksal der Büffel

Nach einer nicht sehr aufregenden Jugendzeit wird der Büffel schnell dafür sorgen, daß der mittlere Lebensabschnitt die Basis für ein geruhsames Alter wird. Jedoch sind in dieser Zeit nur dann Rückschläge zu vermeiden, wenn man die eigene Bequemlichkeit vergißt. Das gilt selbst für Büffel über fünfzig.
Im Jahr des Pferdes (1978, 1990) ist im Intimbereich alles in Ordnung. Im Berufsleben haben Büffel manche Förderung zu erwarten.
Im Jahr der Ziege (1979, 1991) machen den Büffeln ihre zwischenmenschlichen Beziehungen zu schaffen. Sie sollten darum ihre Launen abbauen.
Im Jahr des Affen (1980, 1992) jagen die Büffel ruhelos hinter dem Erfolg her, das kostet Nerven. Man sollte daher so oft wie möglich Ruhepausen einlegen.
Im Jahr des Hahns (1981, 1993) werden Unsicherheitsfaktoren abgebaut. Es wird ein arbeitsreiches Jahr für die Büffel werden, mit wenig Zeit für die Liebe.

Im Jahr des Hundes (1982, 1994) machen Büffel einen Fehler: sie sehen zu schwarz. Dabei könnten sie gerade jetzt die Früchte ihrer Arbeit ernten.

Im Jahr des Schweines (1983, 1995) gibt es für die Büffel Auftrieb. Aber manchmal müßte man fünf Hände haben, um alles zu schaffen und zu richten.

Im Jahr der Ratte (1984, 1996) atmen die Büffel auf. Es kommt Geld in die Kasse, man kann sogar ein Spiel wagen und in der Liebe hat man nicht zu klagen.

Im Jahr des Büffels (1985, 1997) hält die Glückssträhne der Büffel an. Sie sollten das nutzen und rechtzeitig für schlechtere Jahre vorsorgen. Man genießt!

Im Jahr des Tigers (1986, 1998) deutet sich für Büffel ein gewisser Umschwung an. Es kommt zu Wutausbrüchen, und man mag sich selbst nicht leiden.

Im Jahr des Hasen (1987, 1999) beruhigen sich die angespannten Nerven des Büffels. Und das läßt gleich die Erfolgskurve wieder ansteigen.

Im Jahr des Drachen (1988, 2000) können Büffel schwelgen. Das Familienleben und die Arbeit machen Spaß. Was will der Büffel noch mehr?

Im Jahr der Schlange (1989, 2001) sind Zusammenstöße im privaten Bereich der Büffel angesagt. Sie sollten einlenken und sich mehr auf den Beruf konzentrieren.

Das Schicksal der Tiger

Nach der Jugend kommt der Tiger gleich in Turbulenzen, die er klug umkurven sollte. Oft spielt ihm das eigene Temperament einen Streich. Da hilft nur, ständig auf der Hut zu sein. Für Tiger ist das Leben Kampf, und das heißt risikoreich leben — manchmal bis ins hohe Alter.

Im Jahr des Pferdes (1978, 1990) haben Tiger nichts zu befürchten. Sie werden mit eisernem Willen vorwärtskommen und manche Eroberung machen.

Im Jahr der Ziege (1979, 1991) brechen Tiger aus. Nichts kann sie halten, wenn ein Wechsel ansteht. Und reich an Wechseln ist das Jahr für Tiger.

Im Jahr des Affen (1980, 1992) macht der Tiger große Sprünge. Er springt von Erfolg zu Erfolg, übersieht aber vielleicht die Grube, in die er fallen könnte.

Im Jahr des Hahns (1981, 1993) kämpfen Tiger mit dem Rücken zur Wand. Sie sind rundum von feindlichen Einflüssen eingeigelt. Ein Ausfall wäre verlustreich.

Im Jahr des Hundes (1982, 1994) lockert sich die angespannte Lage. Der Tiger wird sich befreien. Große Erfolge sind ihm sicher.

Im Jahr des Schweines (1983, 1995) blüht der Tiger auf. Die Finanzen, aber auch das Ansehen wachsen. In der Liebe sind genügend Streicheleinheiten für ihn parat.

Im Jahr der Ratte (1984, 1996) müssen Tiger auf Erspartes zurückgreifen. Es ist kaum etwas los, und das geht temperamentvollen Tigern an die Nieren.

Im Jahr des Büffels (1985, 1997) sollten sich Tiger weise in den Dschungel verkriechen. An allen Ecken und Enden lauert die Gefahr.

Im Jahr des Tigers (1986, 1998) steht der Tiger zum Sprung ins Abenteuer. Er hat Glück, denn alles gelingt. Seinen Jägern ist das Pulver ausgegangen.

Im Jahr des Hasen (1987, 1999) hält die gute Zeit für Tiger an. Er könnte seßhaft werden. Das Liebesglück lacht und Geldgewinn ist möglich.

Im Jahr des Drachen (1988, 2000) geht es für Tiger rund. Viele Turbulenzen sind zu meistern. Der Aufwärtstrend hält aber auch in diesem Jahr an.

Im Jahr der Schlange (1989, 2001) treibt das unruhige Blut die Tiger hinaus ins Leben, dorthin, wo Kämpfertypen verlangt werden, aber Gefahren lauern.

Das Schicksal der Hasen

Hasen stürzen sich nicht wie Tiger in die Gefahr, sie werden vorsichtiger sein und daher auch klüger. So könnte ihr ganzes Leben eigentlich ruhig und freundlich verlaufen, wenn es nicht in allen Lebensabschnitten die Konfrontation mit unfreundlichen Ereignissen gäbe. An diesen könnte der Hase zerbrechen, wenn er nicht rechtzeitig auf Gegenkurs steuert.

Im Jahr des Pferdes (1978, 1990) wird das meiste nach den Wünschen der Hasen verlaufen. Sie werden Prüfungen bestehen und nicht am Hungertuch nagen.

Im Jahr der Ziege (1979, 1991) hält der Aufwärtstrend an. Im privaten Bereich löst sich einige Verklemmung, und die Liebe lacht daheim.

Im Jahr des Affen (1980, 1992) setzt es keine Aufregungen für die Hasen, man lebt fröhlich vor sich hin, sehr zufrieden mit dem bisher Erreichten.

Im Jahr des Hahns (1981, 1993) müssen selbst die Hasen in den Kampf, obwohl sie ihn scheuen. Am Ende gestehen sie sich ein, daß es kein gutes Jahr war.

Im Jahr des Hundes (1982, 1994) geht der Hase mehr aus sich heraus und wagt auch mehr. Vor dem letzten Wagnis schreckt er zurück — zu seinem Besten!

Im Jahr des Schweines (1983, 1995) macht sich eine fühlbare Entspannung bemerkbar. Mancher Gewinn, auch im Intimbereich, ist zu erzielen.

Im Jahr der Ratte (1984, 1996) kommt der Rückschlag für die Hasen, den sie aber verdauen werden, wenn sie sich Rücklagen gemacht haben.

Im Jahr des Büffels (1985, 1997) sollten Hasen ihren Bau zur Festung umbauen. Dann wird's trotz leichter Nackenschläge gut ausgehen.

Im Jahr des Tigers (1986, 1998) könnte sich eine Ortsveränderung für die so seßhaften Hasen ergeben. Dieses Jahr bringt Unruhe.

Im Jahr des Hasen (1987, 1999) festigt sich, was bisher im Schwebezustand war. Hasen werden auf ihre Kosten kommen und Vorräte anlegen können.

Im Jahr des Drachen (1988, 2000) hält sich der Hase abseits vom unruhigen Alltag. Trotzdem wird der Trubel nicht spurlos an ihm vorbeigehen.

Im Jahr der Schlange (1989, 2001) können sich die Hasen ein wenig erholen. Es wird kaum Hektik geben, aber doch ein Höchstmaß an Arbeit.

Das Schicksal der Drachen

Drachen haben mehrfach Glück im Leben, an das sie allerdings auch hochherrschaftliche Ansprüche stellen. Vor allem im mittleren Lebensabschnitt verzeichnen Drachen meist große Erfolge. Das läßt sie rechtzeitig für das Alter vorsorgen. So ganz unglücklich werden Drachen nie.

Im Jahr des Pferdes (1978, 1990) gibt es keine allzu großen Widrigkeiten für den Drachen. Er kann viel erreichen, im Beruf wie in der Liebe.

Im Jahr der Ziege (1979, 1991) beginnen die Drachen am besten nichts Neues, das Alte ist gut oder kann gewendet werden. Ein ermüdendes Jahr.

Im Jahr des Affen (1980, 1992) müssen Drachen ohne Heftigkeit reagieren, denn sie bekommen manchen Streich gespielt. Eile mit Weile ist die Parole.

Im Jahr des Hahns (1981, 1993) haben die Drachen einiges Glück, das sie aber nicht strapazieren sollten. Maßhalten ist besser.

Im Jahr des Hundes (1982, 1994) können Drachen sogar aufs Ganze gehen. Im Beruf haben sie Erfolg, in der Liebe noch mehr. Und gewinnen können sie auch.

Im Jahr des Schweines (1983, 1995) hält der Trend nach oben an. Man kann an den Ausbau des bisher Erreichten gehen und auch einen neuen Hausstand gründen.

Im Jahr der Ratte (1984, 1996) werden die Finanzen aufgefrischt oder sicher angelegt. Drachen haben auf vielen anderen Gebieten ebenfalls Erfolge zu verzeichnen.

Im Jahr des Büffels (1985, 1997) müssen Drachen um ihren Wohlstand kämpfen. Ein Widersacher könnte im häuslichen Bereich Unruhe stiften.

Im Jahr des Tigers (1986, 1998) putscht sich der Drache zu neuen Taten auf. Wenn er nicht zu weit geht und seine Grenzen beachtet, wird ihm viel gelingen.

Im Jahr des Hasen (1987, 1999) sonnt sich der Drache in

der Gunst wohlmeinender Gönner. Er sollte sich nicht zu wohl fühlen und keine Risiken eingehen.
Im Jahr des Drachens (1988, 2000) geht es mit des Drachen Glück weiter. Sein Haus ist bestellt, er blickt herunter auf alle, die ihn lieben.
Im Jahr der Schlange (1989, 2001) wird dem Drachen bewiesen, daß alle zwölf Mondjahre ihre guten Seiten haben. Deshalb sollte er aber nicht arrogant werden.

Das Schicksal der Schlangen

Man möchte meinen, Schlangen führten ein unruhiges Leben. Das ist aber gar nicht so: Schlangen schlängeln sich durch. Erst nach dem 40. Lebensjahr kommt für sie die kritische Zeit. Da wird manches in Frage gestellt, was bisher „in" war. Es sind für Schlangen, wenn auch nicht im biologischen Sinn, die Wechseljahre, die überstanden werden müssen.
Im Jahr des Pferdes (1978, 1990) können Schlangen durch private Affären von sich reden machen. Das färbt auch ein wenig auf das Berufsleben ab.
Im Jahr der Ziege (1979, 1991) gehen die Schlangen in sich. Oft bedeutet das eine Abkehr vom bisherigen Leben. Man konzentriert sich auf die Arbeit.
Im Jahr des Affen (1980, 1992) wird diese Umorientierung abgeschlossen. Die Schlangen leben lustig in den Tag hinein. Ihre Launen machen Kummer.
Im Jahr des Hahns (1981, 1993) werden die Schlangen hart arbeiten müssen, um zu etwas zu kommen. Aber im Privaten abzuschalten, ist schwer.

Im Jahr des Hundes (1982, 1994) möchten Schlangen die Welt verbessern. Sie sollten lieber vor der eigenen Haustür kehren. Streit ist angezeigt.

Im Jahr des Schweines (1983, 1995) können Teilausläufer noch Schwierigkeiten bereiten. Mit ihrer Klugheit werden Schlangen alles gut meistern.

Im Jahr der Ratte (1984, 1996) hält der Aufwärtstrend trotz einiger Störeinflüsse an. Schlangen wursteln sich durch, sie haben sogar Hoch-Zeit in der Liebe.

Im Jahr des Büffels (1985, 1997) verkriechen sich Schlangen gern. Das ist nach den Unruhejahren gut so. Ein finanzschwaches Jahr.

Im Jahr des Tigers (1986, 1998) sind Schlangen in ihrem Element. Sie ecken zwar manchmal an, ziehen aber aus den Beulen Erfahrung.

Im Jahr des Hasen (1987, 1999) wird Sex für Schlangen großgeschrieben. Man erreicht in der Liebe fast alles, und das Glück lacht im Beruf.

Im Jahr des Drachens (1988, 2000) können Schlangen die Früchte ernten. Das Leben ist lebenswert. Kein Wölkchen steht am Liebeshimmel.

Im Jahr der Schlange (1989, 2001) hat das Glück der Schlangen drei Sterne. Was sie anfassen, wird zu Geld. So könnte man's ewig aushalten.

Das Schicksal der Pferde

Pferde wollen schnell selbständig werden, daher fehlt ihnen oft der rechte Halt. Sie führen ein bewegtes Leben, Erfolg und Mißerfolg gleichen sich aus. Nach dem 45. Lebensjahr lassen sie es langsamer angehen und können sich auf den Lorbeeren ausruhen.

Im Jahr des Pferdes (1978, 1990) werden Pferde Fehler machen, die sie aber ausbügeln können. Privat kann's Kummer geben.

Im Jahr der Ziege (1979, 1991) richtet sich viel. Das Pferd kann die Zügel schießen lassen und so im Galopp lohnende Ziele erreichen.

Im Jahr des Affen (1980, 1992) kommen Pferde auf ihre Kosten. Sie haben Freude am Leben, der Liebesstern leuchtet, es geht aufwärts.

Im Jahr des Hahns (1981, 1993) hält das Hoch an. Pferde werden Karriere machen oder doch zumindest mit Geldzuwachs rechnen können.

Im Jahr des Hundes (1982, 1994) können Pferde viel für sich selbst erwirtschaften. Nur in der Liebe sollte man nicht so ichbezogen sein.

Im Jahre des Schweines (1983, 1995) lassen sich die Finanzen aufbessern. Pferde machen alles, was sie anpacken, zu Geld. Das hat auch Nachteile.

Im Jahr der Ratte (1984, 1996) spekulieren die Pferde oft mit dem bisher Erworbenen, und manchmal verspielen sie es. Privat gibt's Ärger.

Im Jahr des Büffels (1985, 1997) könnte dieser Ärger anhalten. Besser also, Pferde wenden sich mehr dem Geldverdienen zu.

Im Jahr des Tigers (1986, 1998) muß das Pferd auch schmerzliche Trennungen verkraften. Auf jeden Fall ist Vorsicht geboten.

Im Jahr des Hasen (1987, 1999) stabilisiert sich die Lage

im privaten Bereich. Das macht mehr Arbeitsmut, aber auch Mut zu neuen Abenteuern.
Im Jahr des Drachens (1988, 2000) fühlen sich Pferde wohl in ihrer Haut. Man schmeichelt ihnen und man setzt auf sie. Pferde mögen das.
Im Jahr der Schlange (1989, 2001) wird die Liebe für Pferde ganz groß geschrieben. Aber gerade auf diesem Sektor kann man sich vergaloppieren.

Das Schicksal der Ziegen

Ziegen finden immer saftige Weiden. Sie haben oft Glück, vor allem in der Jugend und nach dem vierzigsten Lebensjahr. Dazwischen bringen sie durch ihr Verhalten hier und da selbst Unruhe in ihr Leben. Was sie in dieser Zeit brauchen, ist die Hand, die sie führt, die ernst gemeinte Liebe. Was sie verdrängen sollten, sind die Launen.
Im Jahr des Pferdes (1978, 1990) haben Ziegen Glück. Sie sollten mal im Lotto spielen. Auch privat geht alles in Ordnung, wenn die Ziegen fröhlich bleiben.
Im Jahr der Ziege (1979, 1991) erreichen die Ziegen beinahe alles, was sie wollen. Das verführt zu unüberlegten Handlungen in der Liebe und im Beruf.
Im Jahr des Affen (1980, 1992) bleibt die Schaltung auf Erfolg. Ziegen können sich vieles leisten. Sie sollten für schwere Zeiten etwas zurücklegen.
Im Jahr des Hahns (1981, 1993) werden manche Ziegen an der eigenen Bequemlichkeit scheitern. Für die meisten aber wird es ein recht lustiges Jahr.

Im Jahr des Hundes (1982, 1994) brocken sich Ziegen allerlei in die eigene Suppe. Und das müssen sie dann auch noch auslöffeln. Ein Jahr zum Vergessen.

Im Jahr des Schweines (1983, 1995) leben Ziegen neben ihren Mitmenschen so dahin. Rechte Lust haben sie nicht, aber man wird schon weiterkommen.

Im Jahr der Ratte (1984, 1996) werden Ziegen melancholisch. Das kann privat in heißer Liebe zu Buche schlagen, im Beruf aber in rechte Arbeitsunlust.

Im Jahr des Büffels (1985, 1997) sollten Ziegen daran denken, daß Arbeit feste Werte schafft. Und so gesehen, wird die Arbeit dann Spaß machen.

Im Jahr des Tigers (1986, 1998) bleiben Ziegen oft auf ihren schönsten Gefühlen sitzen. Sie sehen aber auch alles mit viel zu kritischen Augen an.

Im Jahr des Hasen (1987, 1999) erleben manche Ziegen die große Liebe. Sie werden verwöhnt und umsorgt. Das wird ein wunderschönes Jahr ohne Kummer.

Im Jahr des Drachens (1988, 2000) hält die gute Zeit weiter an. Kaum ein Wölkchen trübt den Liebeshimmel, und auch im Beruf steigt die Erfolgskurve.

Im Jahr der Schlange (1989, 2001) läßt sich allerhand unternehmen. Ziegen nützen das aus und bringen einen schönen Batzen Geld mit nach Hause.

Das Schicksal der Affen

Affen werden, kaum dem Elternhaus entsprungen, manches wagen. Und das könnte Unruhe in ihr drittes und viertes

Lebensjahrzehnt bringen. Sie verderben es sich in dieser Zeit auch mit einigen ihrer besten Freunde. Nach dem 50. Lebensjahr sind die Affen dann möglicherweise allein.

Im Jahr des Pferdes (1978, 1990) werden die Affen Entscheidendes für die Zukunft erreichen können. Sie haben Erfolg und kommen auf den berühmten grünen Zweig.

Im Jahr der Ziege (1979, 1991) können Affen ihre Mitmenschen vergraulen, wenn sie ihre Späße mit ihnen treiben. Ansonsten aber doch ein gutes Jahr.

Im Jahr des Affen (1980, 1992) nimmt der Affen Daseinsfreude zu. Sie haben allen Grund, mit sich zufrieden zu sein. Und die Liebessonne scheint.

Im Jahr des Hahns (1981, 1993) trübt sich der Himmel ein wenig. Noch können die Affen ihr Glück machen und etwas für später auf die Seite legen.

Im Jahr des Hundes (1982, 1994) ist der Geldhahn zugedreht. Der Affe sehnt sich zurück nach besseren Tagen, aber die Sorgen schreibt er in den Wind.

Im Jahr des Schweines (1983, 1995) gibt sich der Affe optimistischer denn je. Und er hat allen Grund dazu: Ein Glücksgewinn steht zu erwarten.

Im Jahr der Ratte (1984, 1996) haben Affen viele Trümpfe. Sie bringen es im Beruf sehr weit, in der Liebe aber schlagen sie Purzelbäume vor Freude.

Im Jahr des Büffels (1985, 1997) hält die Hochstimmung an, auch wenn das Geld nicht mehr so reichlich fließt. Man schlägt sich schon durch.

Im Jahr des Tigers (1986, 1998) werden Affen ruhiger handeln. Und das ist richtig so. Hier legen sie den Grundstock für die fernere Zukunft.

Im Jahr des Hasen (1987, 1999) haben die Affen freie Bahn

für viele erfolgreiche Unternehmungen. Liebesbeziehungen lassen sich pflegen.

Im Jahr des Drachens (1988, 2000) können Affen eingefangen werden. Sie geben sich jedenfalls häuslicher, als sie sonst sind.

Im Jahr der Schlange (1989, 2001) läppert sich einiges zusammen, was dem Affen Freude macht. In der Liebe sucht er meist die Gunst der Stunde.

Das Schicksal der Hähne

Einiges macht sich der stolze Hahn im Laufe seines Lebens selbst kaputt. Er sollte sich öfter beschränken, nicht immer die erste Geige spielen wollen. Das einzig erfreuliche Fazit aus dem Auf und Ab in seinem Leben: Durch Erfahrung werden Hähne klug, und so können sie meist im Wohlstand ihren Lebensabend genießen.

Im Jahr des Pferdes (1978, 1990) tragen Hähne ihren Kopf besonders hoch, obwohl weises Abducken für sie oft besser wäre. Manches Hindernis muß überwunden werden.

Im Jahr der Ziege (1979, 1991) gerät viel in Unordnung. Hähne müssen hart arbeiten, um im Gleichgewicht zu bleiben. Die Liebe wird zurückgestellt.

Im Jahr des Affen (1980, 1992) löst sich manches von selbst. Hähne sehen wieder klar. Aber sie haben eine Neigung zu Kurzschlußhandlungen.

Im Jahr des Hahns (1981, 1993) richtet sich alles zum Besten. Hähne bringen eine Höchstleistung nach der anderen. Und Glück in der Liebe fällt auch ab.

Im Jahr des Hundes (1982, 1994) kriselt es bei den Hähnen leicht. Die Finanzen machen Kummer, aber man windet sich durch. Ein Jahr zum Vergessen!
Im Jahr des Schweines (1983, 1995) wechseln Hoch und Tief, aber man kann schon den Silberstreif am Horizont sehen. In der Liebe gibt's Abwechslung.
Im Jahr der Ratte (1984, 1996) legen Hähne ihr schwer verdientes Geld besser sicher an. Das ist kein Jahr zum Spekulieren, aber es läuft gut aus.
Im Jahr des Büffels (1985, 1997) beginnt es mit einem Paukenschlag. Endlich können Hähne aufatmen. Alle Schwierigkeiten sind wie weggeblasen.
Im Jahr des Tigers (1986, 1998) können Hähne noch manchen Vorteil ziehen. Dann dreht sich plötzlich der Wind: Hähne kommen in Turbulenzen.
Im Jahr des Hasen (1987, 1999) zeichnet sich für Hähne Gutes ab. Aber es ist möglich, daß sie der Entwicklung zum Besseren nicht recht trauen.
Im Jahr des Drachen (1988, 2000) stabilisiert sich die Lage. Der Hahn hat Liebesglück, viele Gewinnchancen. Sein Konto wächst, die Arbeit aber auch.
Im Jahr der Schlange (1989, 2001) hält der Trend nach oben an. Hähne können stolz auf das Erreichte herabblicken. Die Zukunft scheint gesichert.

Das Schicksal der Hunde

Hunde arbeiten tüchtig, aber sie sind oft von der eigenen Leistung nicht so recht überzeugt. Deshalb werden sie schon in der Jugend durch eigene Schuld Dämpfer aufgesetzt bekommen. Und das wirkt sich auch in den folgenden Jahren aus. Mit mehr Optimismus könnten Hunde viel erreichen und das Alter genießen.

Im Jahr des Pferdes (1978, 1990) trauen sich Hunde recht wenig zu. Das färbt dann auf die Leistung ab. Hinter dem Ofen liegend kann man nichts schaffen.

Im Jahr der Ziege (1979, 1991) möchten Hunde am liebsten davonrennen. Sie scheinen angekettet zu sein, und das lieben sie gar nicht.

Im Jahr des Affen (1980, 1992) sind die Ketten los. Der Hund bewegt sich freier, beginnt viel, erreicht weniger, baut sich das Leben nach seinem Geschmack.

Im Jahr des Hahns (1981, 1993) ist harte Arbeit für Hunde Trumpf. Schwierigkeiten sind zu überwinden. Nur im Privaten lacht ein stilles Glück.

Im Jahr des Hundes (1982, 1994) wandelt sich die harte Fron allmählich in klingende Münze. Hunde können ihr Haus mit einigem Luxus ausstaffieren.

Im Jahr des Schweines (1983, 1995) fühlen sich Hunde am wohlsten in der Familie. Sie rüsten sich zum weiteren Lebenskampf. Und das ist gut so.

Im Jahr der Ratte (1984, 1996) arbeiten Hunde manchmal lustlos. Sie fragen nach dem Zweck, und schon sind sie in der Sackgasse. Sie bräuchten mehr Mumm.

Im Jahr des Büffels (1985, 1997) könnten Hunde ihre ganze Kraft zusammennehmen und den Gefahren trotzen, die rundum auf sie lauern. Nur Mut!

Im Jahr des Tigers (1986, 1998) zahlt sich der Mut, den man im Vorjahr bewies, endlich aus. Hunde haben freie Bahn im Beruf und in der Liebe.

Im Jahr des Hasen (1987, 1999) können Hunde auf den Lorbeeren ausruhen. Man sonnt sich im Glück und findet ganz nebenbei auch Erwärmendes fürs Herz.
Im Jahr des Drachen (1988, 2000) kann der angeborene Pessimismus Schaden anrichten. Zu lange schon schwelgten die Hunde im selbst verdienten Wohlstand.
Im Jahr der Schlange (1989, 2001) haben Hunde noch einmal Auftrieb. Aber so ganz trauen sie dem Braten nicht, der sich ihnen mit vielen Beilagen anbietet.

Das Schicksal der Schweine

Schweine ertragen mit Gleichmut Glück und Unglück. Ihr Leben verläuft nach außen hin ruhig und ohne große Spannungen. Dabei können sich gerade im dritten, vierten und sogar noch im fünften Lebensjahrzehnt Rückschläge ergeben. Schweine werden nicht lange fackeln und die Schwierigkeiten meistern. Im Alter haben sie dann ausgesorgt.
Im Jahr des Pferdes (1978, 1990) befinden sich Schweine in einer Aufbauphase. Das gibt einen Haufen Arbeit, und die Liebe kommt zu kurz.
Im Jahr der Ziege (1979, 1991) geht Geld ein, die Sorgen verfliegen. Schweine haben mehr Zeit für ihre Familie. Man erlebt das Glück der Liebe.
Im Jahr des Affen (1980, 1992) können Schweine alles das tun, was ihnen Freude macht. Aber Vorsicht! Ein solches Jahr läßt eine Menge Speck ansetzen.
Im Jahr des Hahns (1981, 1993) wird viel vereinnahmt.

Schweine haben eine glückliche Hand im Spiel. Trotzdem fällt oft zuviel Arbeit an.

Im Jahr des Hundes (1982, 1994) wächst das Bankkonto weiter. Schweine werden sich mehr auf die faule Haut legen und das Leben wohlig genießen.

Im Jahr des Schweines (1983, 1995) steht das Glück im Zenit. Nichts kann das Schwein mehr davon abhalten, die Feste zu feiern, wie sie fallen.

Im Jahr der Ratte (1984, 1996) finden Schweine ihre große Liebe. Sie fühlen sich glücklich und machen so ganz nebenbei ein gutes Geschäft nach dem anderen.

Im Jahr des Büffels (1985, 1997) geht nichts Rechtes zusammen. Schweine sollten sich verkriechen und von dem zehren, was sie inzwischen zurücklegten.

Im Jahr des Tigers (1986, 1998) kommen Schweine auch mal in ein Tief. Aber sie finden Auswege und sind eben mit weniger als bisher glücklich und zufrieden.

Im Jahr des Hasen (1987, 1999) kann es zum Streit kommen. Schweine sollten ihn vermeiden, denn sie würden wegen ihrer Ehrlichkeit den kürzeren ziehen.

Im Jahr des Drachens (1988, 2000) ist auch noch nicht alles gerichtet. Schweine sehnen sich nach dem Kreis ihrer Lieben und merken: Ärger macht dick!

Im Jahr der Schlange (1989, 2001) erzielen Schweine manchen Gewinn, nur die Liebe läßt einiges zu wünschen übrig. Wie gut, wenn man ein festes Verhältnis hat, auf das man bauen kann.